누구나 결국은
비정규직이 된다

도쿄대 출신 빈곤노동자가 경험한 충격의 노동 현장

누구나 결국은
비정규직이 된다

나카자와 쇼고 지음

손지상 옮김

자음과모음

차례

4장
정규직 사원의 자리는 안전할까?

5장
청년을 위한 아르바이트 천국

6장

아무도 책임지지 않는 근무 현장

7장

손님이 왕인 지옥

8장
교육도 못 받고 매뉴얼도 없고

9장
생활보호는 가난의 대물림을 막지 못한다

10장 정말 고령자는 못 쓰는 존재인가?

종장 일하는 만큼 행복한 사회를 위하여

일러두기
본문 중 ■ 표기는 지은이 주, * 표기는 옮긴이 주입니다.

일하는 만큼 불행해진다

●　　　　　業務와 범죄 사이의 아슬아슬한 경계선

인재파견기업*은 클라이언트 기업에게 자기 회사에 등록된 인
재의 다양한 '활용법'을 제시한다.

　'다양한 직능과 업무가 가능합니다.'

　그것 참 듣기에는 좋은 말이다.

　하지만 다양한 업무 가운데 한없이 범죄에 가까운 일도 있다.
그중 하나는 실재하는 자산가 이름을 사칭하여 대역 연기를 하
는 '업무'다. 실제로 이 일을 반복해서 하고 있는 60세 남성을

---

* 인재파견회사에 등록된 사람을 파견처로 파견하여 파견처에게 노동 서비스를 제공하는
고용형태로, 일종의 에이전시 같은 역할을 한다. 인재파견회사와 파견처가 파견계약을 맺
고, 인재파견회사와 파견노동자가 고용계약을 맺고, 파견처와 파견노동자가 사용계약을
맺는 삼각관계가 된다. 따라서 노동자 지휘명령권은 파견처에게 넘어간다. 이 책에서는 일
상적으로 쓰이는 대로 파견노동자를 자주 '파견'으로 줄여서 부른다. 옮긴이도 이를 따라
'파견'으로 번역한다.

취재했다.

먼저 기업들이 이런 업무에 대한 요구가 높아진 배경을 살펴보자. 2012년에 상속세 절약을 목적으로 아파트를 한꺼번에 사들이거나, 공동주택을 건설하는 등 부동산 투자로 사람이 몰렸다. 덕분에 관계자들은 단숨에 호황을 맛봤고, 버블 시절처럼 입사식과 사원 연수를 유럽에서 여는 회사까지 등장했다.

그러나 국세청이 상속세 대책 목적의 부동산 거래를 엄히 단속하는 바람에 고액의 부동산 매매가 세금 절약으로 이어지지 않는 사례가 속출했다. 또한 주택이 전반적으로 공급과잉이라는 견해도 퍼져 2015년 중반부터 수요가 완전히 얼어붙었다.

이로 인해 곤란해진 사람은 거대 부동산 개발회사에서 일하는 영업소 사원이었다. 큰손 고객은 더 이상 관심이 없는 판국인데, 본사는 평소와 다름없이 "어서 건물을 사겠다는 손님을 끌고 오라!"며 들들 볶는다. 구석으로 몰린 영업사원이 발견한 것은 인재파견기업이 제안하는 대역이었다.

실제로 영업 지역에 살고 있는 자산가와 연배가 비슷한 파견 직원을 고용해 자산가 부부로 꾸며 본사로 데리고 간다. 마지막 설득 및 계약서에 도장 찍는 과정은 본사 직원이 응대하기 때문에 마지막에 계약이 성사되지 않은 경우 본사가 책임진다. 관심을 보이는 고객을 데려가기만 하면 영업소로서는 할당량을 일단 채운 셈이다.

하루 반나절에 일당 8,000엔에다 연기수당 2,000엔을 준다. 아내 역은 항상 극단 출신 62세 여성으로 정해져 있다고 한다. 그녀는 생계가 어렵지 않아 이 일은 어디까지나 취미일 뿐이다. 사람을 속이는 연기가 스릴이 짜릿하다며 신이 난다고 한다.

본격적으로 부동산 상담으로 들어가기 전 접대에서 등장한 풀코스 프랑스 요리와 고급 술은 외국계 고급 호텔에서도 본 적도 없을 정도로 제대로 된 물건이었다. 아내 역은 맞장구를 치기만 하면 되지만, 남편 역은 고생이 이만저만이 아니다. 임원이 예리한 눈빛을 쏘아대며 심문이라도 하듯 잡다한 개인정보를 확인했다. 본인인지 아닌지 확인하려는 속셈으로 삼대보다 더 위로 거슬러 올라가는 가족구성을 따져 묻거나 상속시 납세액은 얼마인지까지 은근슬쩍 질문했다고 한다. 마치 여우 두 마리가 서로를 홀리려고 한판 대결을 벌이는 격이다.

이야기를 나누다가 임원이 여러 선택지를 내보이며 계약을 하라고 채근해온다. 대역 남성은 사전 계획대로 "세상 돌아가는 꼴이 꼴이다 보니, 자산을 날려버릴까 봐 가족이 심하게 불안해한다"라며 얼버무리고 상담을 마무리 지을 생각이었다.

하지만 임원은 포기하지 않았다.

"제 힘으로도 이 지역에서는 더 이상 초고층 아파트를 세울 수가 없습니다. 초고층 아파트 난립으로 인한 집값 폭락은 절대 없습니다. 그러니까 아예 지금 바로 제가 댁으로 찾아가서 가족

분들을 설득해보겠습니다."

강한 말투로 얼굴을 들이대는 임원 때문에 현기증이 날 정도였다고 한다. 정말로 집으로 오고 말 것만 같은 박력이었다.

'……으악! 이런 식으로 돌아갈 거라는 말은 못 들었는데?'

얼굴에서 핏기가 가시고 몸이 딱딱하게 굳었다고 한다. 2억 엔이 넘는 부동산 상담이니 임원이 간단하게 포기하지 않는 것도 어찌 보면 당연하다.

그때 마침 임원은 전화가 울려 자리를 피했고, 대역을 의뢰했던 영업소 사원도 결국 얼굴이 파랗게 질려서 귓속말을 했다고 한다.

"어머니에게 치매가 와서 간병인이 방문할 시간이니까, 더 깊은 이야기는 나중에 따로 하자고 말하고 자리에서 일어서세요. 안 그러면 정말 집까지 가버릴지도 모르니까!"

시키는 대로 말을 하자마자 무사히 석방되었다. 상담은 오후 2시부터 시작해 5시 반이 넘어서야 겨우 끝났다.

인재파견기업에 문의를 해보니 부동산이나 설비공사, 고급 외제차 판매, 미술상, 결혼식장 등의 업계 영업사원이 대역을 의뢰해오는 일이 2014년쯤부터 급증하기 시작했다고 한다. 대역을 쓰고 난 다음에 어떻게 결말을 맺느냐가 문제이기는 한데, 일단 계약하고 나중에 취소하는 방식으로 이뤄진다고 한다. 대신 취소로 인해 발생한 소액의 위약금은 영업사원이 사비로 메꾸는 등 몇 가지 패턴이 있다고 한다.

취재라고 말하자 바로 담당자의 목소리 톤이 바뀌었다. "우리 회사는 대역을 직접 제안하지 않았고 억지로 부탁을 받아서 하고 있을 뿐입니다"라고 강조했다.

절대로 성과를 얻지 못할 가짜 상담 때문에 본사 임원 이하 많은 사원이 하루 동안 일해야 하고, 경비도 들여야 하는 어리석고 슬픈 일이 일어난다. 할당량에 신음하는 사이에 윤리도 이성도 붕괴되어버린 것인가? 발각되면 무조건 배임 혐의로 고발당해서 전과자가 되고 징역에 면직까지 당할 텐데……

"이제는 부동산을 활용해 세금을 절약하는 게 불가능합니다. 다른 비즈니스 모델을 생각해봅시다."

이렇게 제안해서 모두가 새로운 방향성을 모색한다면, 어떤 형태로든 전망이 열릴 텐데 어째서 순간순간 임기응변으로 때우고 넘어가려고만 드는 것일까?

●   영업 실적 압박으로 인한 사고

구직자에게 인기가 높은 보험업계에서도 몇 년 전부터 파견 대역이 자주 등장하고 있다. 역 앞 거리에 '보험회사 대행업소* 골목'이라도 조성된 것처럼 가게가 난립했다. 인터넷상에서도 각 회사 보험을 추천하는 대행업체가 우후죽순 늘었다. 이들은 어찌 됐든 계약 가능성이 있어 보이는 손님을 본사에 소개해야 한다. 소개하지 못하면 보험회사로부터 존재가치를 의심받기 때문에 한 사람당 한 번에 6,000엔 정도로 파견 대역을 고용하고 보험회사로 보낸다. 파견 대역은 보험설계사의 제안을 듣기는 하지만, 적당히 이유를 대고 시간을 끌면서 보험회사 측에서 포기할 때까지 계약을 미룬다.

그런데 보험회사 대행업 영업사원 중 하나가 대역을 했던 남성에게 "슬슬 계약하셔야죠?" 하고 전화를 걸어왔다고 한다. "장난이 좀 지나치시네요"라고 하자, "장난이 아니라 보험계약을 할 생각이 약간 있다고 하셨잖습니까? 저한테 거짓말하신 겁니까?"라고 다그쳐왔다는 게 아닌가? 그 영업사원은 영업실적을 내라는 압박으로 스트레스받다가 가상과 현실이 뒤섞여 혼란에 빠진 나머지, 망상으로 현실도피 한 것은 아니었을까?

* 일본의 보험회사는 각 지역의 대행업소와 계약을 맺고 보험계약을 하청 준다. 일종의 대리점으로 보험 영업을 하는 형태다.

모호한 실업자의 정의

2014년부터 후생노동성은 '아베노믹스가 효과를 발휘하는 덕분에 일본의 고용 정황은 양호한 편으로 추이가 이동하고 있다'라는 견해를 현재까지 견지하고 있다.

유효구인배율*은 36개월 연속으로 1.0이상, 실업률은 선진국 안에서도 가장 낮은 3%을 기록했다. 총무성도 완전 실업자 수가 21년 만에 200만 명을 밑돈다고 발표했다. 일본의 노동자는 진정으로 혜택을 받고 있다고 봐야 할 텐데 정작 개인 소비는 2015년부터 2016년에 걸쳐 12개월 연속으로 전년도 대비 감소했다. 정부가 발표한 통계에 따르면 '헬로 워크**'는 한산해야 맞을 텐데, 실제로는 안정된 정규직 일자리를 구하려는 비정규직▪으로 저녁부터 극도로 혼잡하다. 이런 모순된 상황을 어떻게 이해해야만 할까? 통계숫자가 잘못될 리는 없다. 통계를 내는 방법에 비밀이 숨어 있다.

먼저, 실업률이 놀랍도록 낮다. 실업률이 대부분 두 자리 수인 유럽 입장에서, 일본의 실업률 3%는 꿈이나 다름없는 숫자

---

* 후생노동성에서 설치한 행정기관인 공공직업안정소에서 매달 통계를 내는 지표로, 월간 유효구인수(모집 인원)를 월간유효구직자수(지원 인원)로 나눈 것이다. 1.0을 넘기면 구직자보다 기업이 바라는 사람 수가 더 많다는 뜻이다.
** 일본정부기관이 운영하는 직업안정소의 애칭이다.
▪ 정규직 사원이 아닌 노동자. 아르바이트, 파트타임, 파견 등 다양한 종류가 있으나, 최근에는 급속도로 파견이 늘고 있다.

라고 한다. 총무성 통계국이 약 4만 세대를 대상으로, ILO(국제노동기구)나 OECD(경제협력개발기구) 같은 국제기구의 실업률 지표를 기준 삼아, 조사를 매달 행해 결과를 발표한다. 여기에서 실업자의 정의는 '바로 일할 수 있는 상태이며 구직활동을 하고 있으나, 일을 전혀 하지 못한 사람'이다.

실은 실업자라고 판정하는 기준은 나라마다 차이가 상당하다. 나라 상황을 반영해 실업자의 기준을 세우고 이를 도입해 통계를 낸다. 일본에서는 실업자의 정의를 엄밀하게 적용하여 정규직, 비정규직을 불문하고 1분이라도 일하면 실업자가 아니라고 판정해버린다. 또한 구직활동을 포기한 사람은 노동자로 인정이 되지 않기 때문에 이 경우에도 실업자가 아니다.

경제주간지 《닛케이 비즈니스》에 따르면, 미국의 실업률 통계 지표 중 실업자의 정의를 가장 넓게 정의한 U6의 경우 전일제 노동을 희망하는 파트타임 노동자, 혹은 이미 직업 찾기를 포기한 사람도 실업자 범주에 넣는다고 한다. 일본정부가 발표한 실업률은 이러한 숫자가 완전히 빠져 있는 상태다.

후생노동성에 의하면 원치 않게 비정규직이 된 사람의 연수입은 100~200만 엔이 반 이상으로 약 1,000만 명이다. 그중 일용직 노동자는 한 달에 보름밖에 일할 기회를 얻지 못해 연수입 평균은 겨우 130만 엔 정도다. 또한 여러 가지 이유로 구직활동을 포기해버린 사람, 출산을 이유로 퇴직을 강요당해 무직이 되어 보육원에 아이를 맡기지 못하고 육아를 하느라 파트타임 근무마저 불가능한 주부, 연금으로는 주택대출이나 의료비를 감당하지 못해 빈곤해지고 있으나 면접을 보면 쓸모없는 사람 취급받기 일쑤라 취업활동을 포기한 고령자, 일하지 않으면 안 되는 절실한 사정이 있는 이런 사람들조차 실업자가 아니라는 이유로 내팽개쳐져 버림받고 있다.

●   실질적인 실업률은 16%

분명 요 몇 년간 유효구인배율은 높아지고 있다. 통계에 잡히는 모집 인원보다 실질 모집 인원은 적다. 채용 측이 조건(연령이나 성별, 경력 등)을 상당히 제한적으로 좁혀놓아서 여기에 맞는 인재가 올 때까지 구인광고를 계속해서 내고 있다는 사실을 간과해서는 안 된다. 또한 구인 분야의 경우 사무직은 적고 간병이나 요식업계가 많다. 업체에서 정규직 사원 채용은 30대 이하 젊은 층을 바란다. 하지만 업계의 가혹한 노동환경의 이미지나 저임금 문제로 젊은 사람이 이 분야의 사원으로 지원하는 경우는 별로 많지 않을 것이다. 그만큼 간병업계에서는(8장에서 자세히 언급할 예정이다) 비정규직을 늘리고 있다. 요식업계의 실태도 외국인을 포함한 비정규직으로 돌아가고 있다.

유효구인배율이 높은 것은 노동자에게 있어서는 받아들이기 어려운 자료라고밖에 달리 할 말이 없다. 비정규직이 2,000만 명까지 늘어나고 실제 그들이 마주하고 있는 현실은 쉽게 말해 '정규직 사원이 되기 위해 넘어야 할 허들은 높고, 비정규직은 아무리 시간이 지나도 정규직 사원이 못 된다'는 걸 의미한다.

한편 거의 실제에 근접한 정부 통계도 있다. 2014년 총무성에서 비자발적 비정규직을 331만 명으로 산정했다. 또한 취업하지 않고 구직활동도 전혀 하고 있지 않은 비노동 인구 중 취업을 희망하는 사람은 419만 명이다. 이러한 잠재적 실업자를 합치면 750만 명으로 합산된다. 같은 해 완전 실업자는 236만 명이었으니, 이 수까지 합하면 986만 명에 이른다. 노동자의 정확한 수는 파악하기 어려우나 대체로 6,000만 명이라고 한다면, 미국식으로 계산한 일본의 실질적 실업률은 약 16%가 된다.

●   만연해 있는 위법적인 노동환경

필자는 지금까지 4년 동안 프리랜서 기자와 파견노동자를 겸해 왔다. 예전에 오사카 마이니치 방송에서 아나운서로 근무했던 필자가 이러한 처지에 놓이게 된 이유는 불상사를 일으켰거나 요즘 세상에 유행 중인 불륜을 저질러서는 아니다. 가족을 간병해야 한다는 흔한 사정 탓에 이러한 처지에 놓이게 되었다. 이후 취재도 하고 수입도 늘릴 겸, 비정규직 고용 현장에서 노동자로 지금까지 일하고 있다.

현장에서 마주한 정황은 심각할 정도로 빡빡하다. 아베노믹스의 은혜 따위 받은 흔적조차 전혀 없는 일뿐이다.

예를 들면 일당 3,000엔이나 2,600엔, 심지어는 1,300엔 하는 일이 아무렇지도 않게 돌아다닌다. '일당'이라고 하면 오해가 생길지도 모르겠다. 시급으로 환산하면 못해도 최저임금의 절반 이하, 자칫하면 실질적으로 제로나 다름없는 현장도 있다.

법에 어긋나는 채용 공고가 아니다. 하나 같이 2016년 일본에 있어서 인재기업*으로부터 구인 메일이나 이력서 등으로 모집한 근로조건이다.

헬로 워크에 의하면 21세기가 되기 전에는 이러한 극단적인 저임금 구인이 거의 없었다고 한다. 대부분 전일제 근무로 일당이 지급되었다. 그러나 최근 경영 측이 자기네 입맛에 맞게 제멋대로 정한 극단적인 노동시간 단축이나 가혹한 할당량을 강

■ 노동자에게 직장을 대신 알아봐주고 알선하는 유료직업소개기업과 인재파견기업의 총칭. 유료직업소개기업과 인재파견기업은 업무 내용이 밀접하게 관계하고 있고, 실태만 놓고 보면 둘 다 겸하고 있는 큰 기업이 많기 때문에, 이 책에서는 일일이 구분하지 않고 총칭으로 사용한다.

요하는 일이 잦아졌고, '이 임금 가지고 노동자가 최소한의 생활을 유지할 수 있을까?' 하고 배려하는 모습은 흔적도 없이 사라졌다.

많은 정치가나 경제학자·노동사회학자 같은 전문가가 빈곤층 확대와 효율 악화에 대해 논하고 있다. 그러나 노동시장을 넓게 부감하고, 통계수치를 외국의 경우와 비교하는 학문적인 방법론으로는 일본의 노동 현장에 만연하는 비정상적이고 위법이나 다름없는 상황은 절대 보이지 않는다. 게다가 애초에 학문적 방법론으로는 상상하지도 못할 일만 터질 게 뻔하지 않은가? 비정규직으로서 일하고, (대부분은 원래 정규직 사원이었던) 같은 처지인 수많은 비정규직의 경험을 취재해온 필자 입장에서는 현장 실태가 반영되지 않은 논평을 읽을 때마다, 발이 가려운데 신발만 긁는 느낌이 든다.

미시적인 관점의 정보를 모았을 때 비로소 노동 실태가 보인다. 많은 현장에서 당연한 일이 되어버린 무참한 노동환경을 취재해서 보고하고, 작은 힘이나마 진정으로 의미 있는 노동환경 개혁을 위한 정보를 제공하면서, 동시에 위법노동·사기 고용으로부터 자신을 지키는 방법을 제시해나가고자 한다.

노동자는 기업이 자신을 선의로 대할 것이라고 전제하지 않는 편이 낫다. 멍하니 넋 놓고 있으면, 뼛속까지 착취당하고 말 것이다. 반드시 뭐든 의심해보고 서류를 제대로 적고 나쁜 조건

이 확인된다면 증거서류를 내밀어 큰 목소리로 싸우지 않으면
안 된다.

잘나가는 기업의
부조리한 속사정

세계적인 인터넷통판기업을
떠받치는 노예 노동

세계화로 인해 일본기업이 생산을 해외로 돌려 확장하다 보니, 일본인은 중국·인도·동남아시아 사람들과 똑같은 조건으로 경쟁하게 된다. 따라서 '앞으로는 임금을 높일 게 아니라 이 나라들에 맞추어 오히려 낮추는 게 당연하다'라는 설이 있다.

이 의견을 따른 것인지는 모르나, 아래는 세계적으로 사업을 전개하고 있는 인터넷통판기업의 구인정보로 필자가 직접 받은 메일의 내용이다.

2016년 3월 28일. 야근모집.

창고 정리 작업. 19시 시부야에서 집합 후 승합차로 오다와라까지 이동.

근무는 다음 날 아침 6시까지(집합을 기준으로 11시간 후).

작업 종료 후 시부야로 다시 태워주지 않음.

교통비 없음. 식사 없음. 숙박·편의시설 없음.

일당 1만 엔.

주 2일 이상 가능한 분 한정.

11시간 속박 철야 근무에 일당 1만 엔이라니! 노동조건이 엉망진창 수준을 넘어서 명백한 법률위반이다. 법대로라면 기본 시급에 야근수당 비율을 곱해 잔업수당을 명시해야만 한다. 야근수당이 포함되어 있다고 쳐도 총액 1만 엔이면, 기본 시급을 계산했을 때 800엔 정도다. 당시 가나가와현 최저임금 905엔에 못 미친다. 태워주는 건 편도뿐이다. 오다와라에서 도쿄까지 JR로 돌아가려면 교통비가 약 1,500엔이 드니, 실수령액은 더 줄어서 8,500엔 정도다. 시급으로 환산하면 실수령액이 고작 700엔밖에 안 된다.

비정규직이 낮에 8시간 하는 노동으로는 1만 엔 벌기가 상당히 힘들다. 그에 비하면 조건이 좋다고 착각하도록 유도하는 조건 제시인 셈이다.

밤에 역으로 모여서 승합차로 실려 간다는 말을 들으니, 쇼와 시절* 환경이 열악한 건설현장 합숙소를 방불케 한다. 매일 밤샘으로 근무하는 것은, 중국 내륙 지역의 농촌에서 돈을 벌러 고향을 떠나 상하이 같은 대도시로 이주해 반지하에 살면서 공장에서 일하는 중국 노동자와 같은 조건이다.

근무시간도 그렇고, 임금도 그렇고, 대우도 그렇고, 여러 가지 면에서 위법인 이러한 노동조건이 만약 유럽이나 영미권에서 일어났다면 정부나 노동 행정기관이 단속해 사회문제가 되지 않을까? 행정규제가 느슨하고 노동자가 순종적인 일본이니까 가능한 현장 상황이리라. 이 인터넷통판기업에는 그 뒤로도 비정규직 창고요원 대량모집을 같은 조건으로 몇 번이고 반복해 올리고 있다.

심지어 이 기업과 계약한 운송회사 직원은 더욱 심각한 상황일지도 모른다.

이 기업은 2000년에 일본 시장에 진출한 이후로 운송업 주계약을 펠리컨 택배에서 사가와 택배로, 또 야마토 택배로 변경했다. 대부분 기업 쪽이 현실을 무시하고 배송료 가격 인하를 요구해서 계약회사와 결렬하는 과정을 거쳤다.▪

야마토 택배의 정규직 기사는 연일 3시간 초과근무를 부당하게 강요당한다. 이들이 얼마나 바쁜지 점심식사도 간단히 때

---

* 20세기 일본의 연호의 하나로 쇼와 덴노의 통치에 해당하는 1926년 12월 25일부터 1989년 1월 7일까지를 가리킨다.
▪《AERA》 2016년 4월 18일호.

잘나가는 기업의 부조리한 속사정

우며 일한다. 택배기사 중에는 시간에 맞춰 배달해야 하는 압박 때문에 우울증에 걸린 사람도 있다고 한다. 또 배달 인건비용을 제대로 환산할 시 수천억 엔에 달한다고 여겨지는데, 이 비용을 모두 무급노동으로 대체하고 있다고 한다.

하지만 정말 무시무시한 사실은 이 비즈니스 모델이 18세기 산업혁명 시대 영국에서 많은 노동자가 장시간 혹사당해 건강을 해친 상황과 다르지 않다는 점이다. 2016년 말이었을 당시 이 기업으로 여러 가지 노동문제에 대해 문의를 넣었으나 답변은 없었다.

● 　　　　　　　　**장시간 근로는 기업에게 무조건 이득**

한편 비정규직의 철야 노동은 일본기업에서도 자행하고 있다. 2015년 여름 어느 인재기업을 방문했을 때 제시받은 조건이다.

긴급 모집!
작업 내용 : 교세라 휴대폰 제작공장에서 작업.
일정 : 7월 21일부터.
전날 20일 저녁 아니면 21일 아침에 고오리야마 역 집합.

근무시간: 20시 30분 ~ 08시 30분.

7일 근무 보장.

참고로 정밀기계 제조업의 선두기업인 캐논도 마찬가지 조건하에 고용해서 일을 시켰다가, 노동자의 건강에 문제가 생겨 고소당한 적이 있다. 일본을 대표하는 대기업이 어째서 밤샘으로 12시간 노동을 시키는 것인가?

대기업에서 오랫동안 인사 업무를 경험한 전문가의 말에 따르면, 12시간 노동은 특히 제조업 경영자에게 있어서 매우 매력적인 제도라고 한다. 8시간을 1.5배 늘려 노동자에게 일을 시키면 인원은 그대로지만 결과물이 늘어나는 효과를 얻을 수 있기 때문이다. 이익률이 순식간에 좋아지는 한편 사람이 실제로 붇지는 않았으니 인사·노동자 관리·복리후생에서 오는 부담은 그대로다. 시간표 조정도 교대가 하루에 한 번만 생겨서 관리하기도 쉽다. 3교대라면 시간 조정이 번거롭고 불가피하게 뜨는 시간이 생기지만, 2교대라면 심플하고 낭비도 적다. 긴 시간 동안 사람에게 일을 시켜온 전문가가 실토한 여러 이점이 시사하는 바는 무시무시하다.

즉 일반적으로 경영자라면 누구나 가능한 한 노동자에게 12시간 노동을 시키고 싶어 한다는 것이다. 정규직 사원의 장시간 노동이 줄지 않는 이유는 명백하다.

일본의 오래된 기업은 "이게 국제화다"라고 말하며 12시간 밤샘 노동을 부과하고, 글로벌기업은 "이게 일본 방식이다"라고 말하며 밤샘 노동을 부과한다.

그러나 위법이나 다름없는 장시간 노동을 강요하는 여부는 업종에 따라 다른 모양이다. 자동차 제조회사는 2015년 엔저 현상으로 국내 생산이 절정에 달한 때조차 하루 8시간 3교대나 8시간 2교대를 고수했다. 일부 언론에서 "자동차 절망 공장"이라 부르며 문제시하거나, 리먼 쇼크 때 파견노동자에게 보인 냉혹한 처우를 비판한 덕인지 한때 가혹했던 자동차업계의 노동시간에 조치가 가해진 모양이다. 그렇다고는 해도 계약직 생산라인 직원이나 하청업체 사람들이 토로하는 착취나 부당한 저임금 노동에 관련된 이야기는 여전히 사라지지 않는다.

정부와 후생노동성은 장시간 노동 박멸을 외치며 '정규직 사원의 장시간 노동'에 대해 엄격하게 대응하고 있다. 2015년에 '과중노동 박멸 특별대응반' 약칭 '과특'을 새로 발족하여 노동기준법 위반으로 몇 번이나 적발돼 시정을 요구해도 응하지 않는 기업을 형사고발하고 있다. 업계 톱 광고대행사 덴쓰나 최저가 판매점 돈키호테 등이 장시간 근무나 과중노동으로 적발당해 송환되었다.

한편 '비정규직의 12시간 밤샘 노동' 같은 케이스는 비정규직이라 문제로 취급받지 못한다.

IT나 로봇 기술이 무조건 만능은 아니라서 장시간 노동을 요구하는 인해전술은 없어지지 않는다. 그 이유는 일본인 비정규직의 임금이 낮아 공짜나 다름없이 부려먹기 쉽기 때문이다. 직장이 합리적이고 불필요한 요소를 줄이도록 촉진하고 생산성을 높이려면, 무리를 해서라도 임금을 올려서 기계 사용비보다 인건비가 싼 현재 상황을 바꿔야 한다. 그러지 않는 한은 상황이 바뀌기 어려워 보인다.

● 초단시간 저임금 노동

비정규직을 둘러싼 시간 문제는 장시간 근무 문제뿐 아니라 서장에서 소개한 바와 같이 단시간 문제도 있다.

인간에게는 하루 8시간 노동이 적절하다는 상식이 현대를 살아가는 비정규직에는 통하지 않는다.

일당 1,300엔, 요코하마시 입시학원에 강사를 파견하는 인재기업으로부터 필자가 제시받은 금액이다. 해당일에 상근강사만 가지고는 도저히 할 수 없는 1교시 수업이 비었기에 그때만 출근해달라는 것이다.

"1교시 수업은 1시간이고 시급이 1,300엔이니까 일당은

1,300엔이에요."

일당 2,600엔, 신주쿠의 중장년 대상 구인정보란에서 찾은 조건이다. 점심시간 12~14시 동안만 비즈니스 빌딩 청소를 하는 것이다. 일정은 평일 매일이다.

일당 3,000엔, 토플이나 토익 시험 감독원 일당이다. 순수한 시험 시간은 2시간이다. 하지만 시험 시간을 포함해 무조건 4시간 안에 준비와 뒷정리를 끝내라는 지시를 받는다. 시간을 넘겨도 초과근무 수당은 나오지 않는다. 시급 1,000엔으로 총 4,000엔을 준다. 하지만 집에서 현장까지 민영 철도와 JR을 갈아타야만 해서 교통비가 왕복 1,000엔 이상 나오기 때문에, 실질적으로는 3,000엔 조금 안 되는 돈이 손에 남는다.

일반적으로 자격증 시험은 운영을 신중히 해야 하기 때문에 준비 시간만 최소 4시간이 필요하다. 그런데도 최적 시간을 넘어 일반적인 경우는 그 절반밖에 안 되는 시간으로 설정한다. 이유는 인건비를 아슬아슬한 선까지 낮추려는 속셈이다. 현장에서 그 시간을 넘기면 "너네들이 일머리가 없어서 늦은 거니까" 하고 안 주면 그만이다. 법률상 초과 근무수당을 안 주면 안 되는 것이니 궤변이나 다름없는 논리다. 하지만 다른 여러 현장에서도 이러한 궤변이 당연하게 통용되고 있어서 저널리스트의 입장에서 노동문제를 생각하는 필자마저도 가끔은 '이게 항의하면 안 되는 문제였나?' 하고 생각할 정도다.

단시간 노동의 뿌리는 입시학원 비상근 강사나 학교 비정규직 교사를 대상으로 시작된 학점제다. 21세기 초입에 국가와 지자체의 재정긴축을 이유로 교직원 처우 부분에 대폭 재검토가 들어갔다. 특히 학교에 관해서는 국고지원 보조금을 억제하면서 동시에 지금까지의 임금을 일정 이상 지불해야 한다는 제약을 풀었다. 이로 인해 10여 년 전부터 전국 지자체는 정규직 교직원을 한꺼번에 저임금 비정규직으로 바꿔버리고 말았다.

　　비정규직 교직원 가운데서도 특히 비상근 강사의 대우는 열악하다. 수업을 학점으로 부르기 시작하면서 임금도 학점당 얼마로 계산하게 된다. 일주일에 10학점을 담당한다 하더라도 환산하면 겨우 8만 엔 정도다. 더군다나 실제 업무는 수업시간만으로 끝나는 일이 없다. 정규직 교직원과 똑같이 사무작업을 해야 한다. 학교 행사나 방과 후 학생 질문이 있는 날에는 눈코 뜰 새 없이 바쁘다. 총 노동시간을 더해서 시급으로 계산하면 엄청나게 낮은 금액이 산출된다. 그러나 학점으로 계산된 시급은 최저임금보다는 높으니 합법으로 간주된다.

　　그런 조건에서도 교직원 취업 희망자가 끊이지 않는 이유는 채용시험에 실패하더라도 몇 번이고 재도전하는 교직원 지망자가 많기 때문이다. 시험 재수생 가운데 교직원 지망자는 특히 학교 현장에서 경험을 쌓는 일을 선호한다. 채용을 고려하는 인사과정에 관계가 있는 선생님들과 안면을 틀지도 모른다는 희망 때문이다. 학교에서 근무한 경험이 풍부한 편이 면접에도 유리하다. 그런 이유로 20~30대 청년들이 이용당하고 있다. 초등학생 대상 임간학교 일을 돕는 세타가야구 교육위원회의 아르바이트를 갔을 때, 필자를 뺀 나머지 50명 전부가 교직원 지망이면서 동시에 재수 중인 청년들이었고, 선생님들의 눈에 띄려고 열심히 노력하고 있었다.

일본은 정규직 교직원의 노동시간 자체가 너무 길다고 지적받고 있다. 과목 외 수업이나 방과 후 클럽활동 지도, 교재 작성 등 수업 이외의 업무가 많고 기본적으로 노동조건을 지켜야 한다는 의식이 희박하다. 따라서 비정규직 교직원의 대우가 부조리 하더라도 외면하는 게 아닐까?

● 　　　　　　　　　　　　　　　　　투잡이라는 환상

학점제 같은 초단시간 노동제가 비정규직 인건비 삭감 대책의 에이스로 자리를 잡은 배경에는 기업 측의 다른 속셈이 있다.

아주 최근까지도 기업에서 노동 계획을 세울 때, 비정규직 일자리라도 '사람 수×일수'로 노동 계획을 세우는 게 당연했다. 그러나 '사람 수×시간'으로 계산하면 인건비를 절감할 수 있다. 학점제는 인간을 필요한 때에 맞춰 움직이는 기계로 간주하는 제도다.

인간이 생활을 이어가려면 최저생활비는 벌어야 한다. 어째서 생활을 이어가지 못할 만큼 저임금을 주는 일을 알선하는가? 1~4시간 수준의 단시간 구인에 대해 헬로 워크나 인재기업은 이렇게 설명한다.

"시간이 짧은 만큼 투잡도 쓰리잡도 가능하니 좋은 일 아니겠습니까?"

진실로 노동자 입장을 배려한다면, 직장 내에서 땜빵 목적으로 구하는 단시간·저임금 고용을 밀어붙이는 알선 따위는 받지 않을 터이다. '투잡을 할 수 있다'는 말은 기업에서 요구하는 대로 저임금을 구직 희망자에게 밀어붙이느라 켕기는 속을 감추기 위한 관용구로밖에 들리지 않는다.

같은 날 시간대가 인접한 다른 일을 찾으려고 해도 꽤 어렵다. 근무지도 기존 일하는 곳에서 가깝지 않으면 이동 시간과 교통비가 들고 만다. 그렇게 쉽게 안성맞춤으로 들어맞는 일을 쉽게 찾을 수 있을 리가 없다. 헬로 워크 담당자에게 "말씀하신 대로 투잡을 하고 싶으니, 두 번째 일도 한꺼번에 소개 부탁드립니다" 하고 말하니, 그는 "아앗! 그러네요……. 잠시만요" 하고 고민에 빠졌다. 정말 투잡을 시킬 생각이 있다면 시간대나 장소를 세부적으로 검색해서 지역에 있는 채용 정보를 한 눈에 볼 수 있는 전용 시스템이 필요하다.

아베 정부에서 야심차게 추진하는 정책인 '일하는 방식의 개혁' 일환으로 '비정규직을 없앤다'라는 모토가 있다. 즉 비정규직을 정규직으로 이행시키는 목표를 세우고 있다. 그러나 비정규직 2,000만 명을 정규직으로 전환하려면 기업 측의 대규모 제도 변경이 필요해 실현 가능성이 낮다.

현실적으로 가능한 방안으로 제시하는 것은 비정규직의 근무시간을 최소 8시간 보장하는 것이다. 최저시급은 생계 유지를 보장해주지 않는다. 예를 들어 일당 최저 8,000엔, 이런 식으로 못을 박아야만 한다.

기업과 단체는 노동자 없이 성립할 수 없다. 따라서 마땅히 노동자를 보호해야만 한다. 그러나 기업이나 단체가 한창 진지하게 노동하고 있는 사람에게 '볼 장 다 봤다'며 2시간 만에 쫓아내는 일이 과연 정당한 행위라고 말할 수 있을까? 이 질문의 답변을 정부와 후생노동성이 잘 생각해주었으면 한다.

화려한 백화점의 초라한 층계참

빈곤 노동이 기업에 의해서만 이뤄진다고 생각해서는 안 된다. 비정규직 가운데에서도 특히 청년들이 스스로 원해서 몸을 던지고 마는 세계도 있다. 물론 경영자 쪽이 작위적으로 그렇게 만들어버리기도 하지만, 노동자 쪽도 무슨 종교나 다름없는 신념을 품은 탓에 근로기준법도 인권보호도 효력을 발휘하지 못한다.

2010년 4월 의류업계를 취재할 때, 젊은 여성들에게 인기 있는 시부야의 패션빌딩* 이치마루큐의 직원으로부터 놀라운 이야기를 들었다. 그녀들은 휴식 시간에 스태프 전용 계단의 층계참에 박스를 깔고 누워서 쉰다는 것이다.

스태프 전용 계단은 손님이 오가지 않는 뒷마당 같은 곳이다. 청소가 전혀 되어 있지 않고, 조명은 어두침침한 데다가 습하고 먼지투성이다. 구석에 쌓인 상자 틈으로 바퀴벌레가 잔뜩 나올 것 같은 장소다. 이 빌딩에서 일하는 점원을 위한 휴게 공간이 두 군데 있지만 하나는 좁고 담배연기가 가득하고, 다른 하나는 밖으로 나가 다른 빌딩까지 이동하지 않으면 안 된다.

예전부터 이 패션빌딩은 점원에 관한 특이한 콘셉트가 있다.

---

* 쇼핑센터와 백화점의 중간에 해당하며, 의류나 잡화 등 패션에 관련된 전문점을 주로 입점시키는 게 특징이다.

점원은 손님을 끌어모으는 마네킹이라는 설정 때문에 10센티미터 이상 되는 하이힐을 신도록 지시받는다. 장시간 서 있다 보면 발이 아프다. 그래서 점원들은 이동하는 새를 참지 못하고 계단 층계참에서 벌렁 드러누워버리고 만다.

게다가 더욱 놀라운 것은 매일 이어지는 초과근무다. 개장시간보다 2시간이나 이른 8시에 출근한다. 아직 빌딩에는 들어가지 못하니 광장에 집합해 아침 모임을 열어 오늘의 판매 목표 금액을 발표하며 기운을 북돋는다. 개점하고 난 뒤에는 기둥 건너편이나 멀리 떨어진 계단을 오르는 손님에게도 들릴 만큼 목소리를 크게 내 손님 유치에 힘쓴다. 점심시간이 되면 중간 모임을 갖는다. 오전 동안의 매상을 확인하고, 오후에는 어디까지 매상을 올릴 수 있을지, 그리고 무엇을 어떻게 개선해야 올릴 수 있을지 의견을 주고받는다.

밤 9시 폐점 후에는 상품 정리나 디스플레이 변경 같은, 다음 날 업무 준비를 마친다. 그 뒤 모두 모여 종료 모임을 또 갖는다. 이번에는 구두 발언이 아니라 전용 노트로 하루 근무에 대해 반성문을 적는다. '적을 게 없는데요?'는 용납되지 않는다. 빌딩을 나갈 때는 이미 정문이 닫혀 나갈 수 없는 밤 11시다. 본래 근무시간이 아닌 아침·저녁 근무시간을 합치면 6시간이지만 이에 대해 추가수당은 나오지 않는다.

집에 들어오면 자정이 넘는 시간이다. 바로 늦은 저녁과 샤워, 간단한 집안일 등을 마치고 자려고 누우면 이미 새벽 2시가 훌쩍 넘어 있다. 잠든 지 4시간이 채 안 되는 오전 6시 기상한다. 메이크업은 완벽하게, 의상은 근무회사의 최신제품, 코디도 트렌드에 맞춰서 준비한다. 아침 8시에는 출근길로 혼잡이 절정에 달하지만, 아침 모임에 맞추려면 어쩔 수 없다.

기업 측에서는 어디까지나 이 초과노동은 자발적인 것이고, 전원이 원해서 하고 있는 것이라고 한다. 이 직무를 채용할 때 전국에서 지원이 쇄도한다. 많을 때는 한 자리에 100명이 넘게 지원한다. 워킹을 보는 등 모델이나 다름없는 고도의 심사를 거친다. 개중에는 오사카의 백화점에서 의류매장 정규직 사원으로 일했는데도 이 패션빌딩의 시급 900엔 아르바이트를 지원한 사람도 있다.

점원이 되면 '카리스마'라고 불린다. 간혹 여성잡지에서 취재하는 경우가 있을 만큼 패션업계를 선망하는 여성들에게 있어 이 빌딩 자체가 '톱 클래스 스펙'이 된다. 하지만 이 유명 빌딩이 저임금, 과다노동을 하는 바람에 나쁜 선례이자 기준이 되어버렸다. 경쟁하는 신주쿠 및 다른 지역 패션빌딩은 "이치마루큐보다는 살짝 대우를 높여주면 되겠지?" 하고 말아버린다.

사이타마의 오미야 역이나 지바의 가시와 역 등 교외에 위치한 패션빌딩이 오히려 점원에 대한 대우가 훨씬 낫다고 한다. 톱 클래스의 노동조건이 업계 최악이라니 다른 업종에서는 들어 본 적이 없다.

잡지 보도 후에 빌딩 중앙 비상계단은 사라지고 빌딩 안 휴게 공간이 늘어나기는 했지만, 자발적인 과다노동은 변하지 않았다고 한다.

실은 문제의 배경에 이 빌딩 특유의 퇴점제도가 있다. 매년 점포 매상을 기준으로 하위 20% 점포는 강제로 퇴출당한다. 퇴출당해 빈 공간에는 대기표를 들고 기다렸던 새로운 브랜드가 입점한다. 연말이 되면 퇴출 위험이 있는 하위 점포의 점장은 무슨 수를 써서라도 상위 80%에 끼려고 직원들을 들들 볶는다. 그런 점장 중에도 시급 1,000엔 이하 아르바이트가 있다.

대다수가 비정규직으로, 노동법규 따위 아는 바가 거의 없는 채로 자기들이 얼마나 비상식적으로 일하고 있는지조차 알아차리지 못한다. 본래 노동법규는 기업 쪽에서 가르쳐줘야 하지만 이곳에서 일하는 여성들은 지도받은 적이 없다고 한다. 분골쇄신 봉사하는 가혹한 노동이 자부심이 되어버리고만 여성들……. 이 또한 뒤틀린 노동의 형태다.

비정규직 차별은
기업의 리스크가 된다

한여름 더위에 에어컨도 없는 물류창고

어느 저녁에 이름을 들어본 적도 없는 인재기업에서 일을 해보지 않겠느냐는 전화가 걸려온다. 이쪽 신분도 모를 텐데 다짜고짜 내일 일이 가능한지 묻는다. 인재기업 한 곳에 이력을 등록하면 연락처 같은 개인정보가 다른 회사로 자연스럽게 흘러들어간다.

2015년 7월 하순, 필자가 응한 일용직은 '간단한 물류창고 정리 작업'이었다. 설명만 들었을 때는 물건을 받아다 건네주기만 하면 되는 쉽고 간단한 일이었다. 근무시간은 아침 9시부터 저녁 6시 반까지다. 그런데 아침 집합이 40분이나 빠른 8시 20분이다. 비정규직에서는 흔한 일이지만 이러한 지시는 위법이다. 조건은 시급 900엔, 교통비는 없다. 집합 장소는 집에서

1시간 반 걸리는 새로 생긴 쓰쿠바 익스프레스 정차역이다. 한산한 역 앞 광장에 하얀 승합차 한 대가 주차해 있다.

차로 20분 걸리는 물류처리장으로 끌려갔다. 이곳은 쇼핑센터와 대형 운송회사에서 운영한다. 물류 창고 2층에는 어슴푸레한 조명에 테이블과 의자가 늘어져 있고, 얼룩진 작업용 조끼를 입은 노동자들이 피곤에 찌든 얼굴로 의자에 기대어 앉아 있었다. 비정규직 전용 휴게소라고 했다.

이날 모인 노동자는 도보나 자전거로 온 사람을 포함해서 총 16명이었다. 현장감독, 전표 붙임 담당, 지게차 운전사인 정규직 3명 그리고 상품을 옮기는 비정규직 2명으로 팀을 이룬다. 길이 150미터, 너비 50미터 정도 되는 거대 창고다. 쇼핑센터에서 판매하는 상품군을 차곡차곡 얹은 팰릿의 높이가 10미터 정도 돼 보인다. 실로 엄청난 작업량이다.

두꺼운 비닐커버로 싼 팰릿 하나를 지게차로 내리면, 비정규직 직원이 커버를 벗기고 상품 하나하나를 컨베이어에 얹는다. 컨베이어 앞에서 사원이 행선지 별로 전표를 붙인다. 지게차가 움직이기 시작하면 컨베이어 옆에 팰릿이 눈 깜짝할 사이에 쌓인다. 마지막에서 상품을 내려놓고 전표를 붙이는 작업이 간단한 탓에 아무리 노력해도 중간에 있는 우리 쪽에서 상품 흐름이 정체된다. 창고에 에어컨은 없다. 업무용 선풍기가 있으나 뜨거운 바람에 더위를 부채질할 뿐이다. 쨍쨍 햇볕이 내리쬐는 탓에 외벽이 태양열로 익어서 실내 온도는 섭씨 40도에 육박한다. 얼굴에서 땀이 끊임없이 흘러내리지만 물은 못 마신다.

●　　　　　　　　　일 못하는 건 내가 아니거든

작업이 밀린 탓에 지게차는 팰릿을 들어 올린 채로 멀뚱히 서 있었다. 정규직은 우리를 쉬지 않고 사정없이 질타했다.
　"이대로 가면 놓을 데가 없어진다고!"
　"짐 빨리빨리 안 풀어? 해 지게 생겼다!"
　커터 칼로 튼튼한 상품 커버시트를 기분 좋게 스르륵 자르고 싶지만, 지급받은 녹슨 칼로는 '그래도 칼은 칼이니까' 수준으로밖에 잘리지 않아서 자르는 와중에 금방 막히고 만다. 전표를 붙일 상품이 오지 않아, 두 손이 놀고 있는 사원과 눈이 마주쳤다. 어이없다는 표정으로 탄식한다.
　"이 자식, 일 진짜 못하네."
　'일 못하는 건 내가 아니라, 칼이거든!'
　상품은 탁상시계나 공구 같은 작은 물건에서 시작해 가정용 미니 수영장, 조립식 가구 같이 폭이 넓은 것에서부터 길고 가는 것까지 있어 모양이 천차만별이다. 또 무게가 있는 물건이

주는 부담은 상상 초월이었다. 조립식 파이프 선반 세트가 20킬로그램, 거대한 철판 바비큐 세트는 30킬로그램 가까이 된다. 떨어뜨리면 무조건 다친다.

무겁고 부피도 큰 상품을 떠안으면 허리나 등에 충격이 온다. 허리를 틀어 전달하면 뼈가 근육에 부딪쳐 뚜둑뚜둑 소리가 나며 아프다. 우물쭈물하는 나를 보고 같은 조 동료가 쓴웃음을 지으며 말했다.

"오늘은 사원님이 착해서 다행이네."

아무리 상품 흐름이 밀리고 전체적으로 능률이 좋지 않더라도 사원은 절대 도우려고 하지 않는다. 정부가 일하는 방식 개혁으로 제창한 '동일노동·동일임금*'에 맞춰 비정규직에게 떠넘기려고 만든 비정규직 전용 직책이기 때문이다.

중노동인데도 간단한 작업이라고 속이고 노동자를 모으는 것도 인재기업이 독자적으로 정한 규칙으로는 '손을 써서 물건을 나르는 작업' 모두를 간단한 작업으로 부르기 때문에 문제가 없단다. 작업이 예정 시간보다 빨리 끝나면 처음에 제시했던 임금에서 절감된 시간만큼 수당을 빼고 준다. 이것은 완전히 위법이다.

* 2016년 아베 신조 총리가 일본에서 '비정규'라는 단어를 완전히 없애는 것을 목표로 제시한 노동개혁 가이드라인 '동일노동·동일임금'을 가리킨다. 일의 내용이 같은 노동자에게는 동일한 임금을 지불해야 한다는 것이다.

● 위험한 치즈 공장

현장에서 정규직과 비정규직의 직책이나 업무 간의 차별은 만연해 있다. 치즈 공장의 작업장도 이에 해당하는 사례다.

사이타마현 남부, 수입 치즈를 커트·믹스 등 가공 처리해 제품화하는 공장에서 있었던 일이다. 깜짝 놀란 것은 처음 건네받은 작업복의 어마어마함이다. 전신을 덮어 완전히 피부가 표면에 드러나지 않도록 하고 두꺼운 후드와 장갑, 부츠도 세트로 묶여 있었다. 원자력발전소 사고 대응 작업원 같다. 입과 코는 마스크로 가리고, 눈 부분만 가늘게 뚫려 있어서 시야가 좁다.

일반적으로 식품가공 작업복은 인간의 타액이나 균으로부터 식품을 지키기 위해서 입는다. '치즈도 섬세한 발효식품이니 산소나 잡균 등이 들러붙으면 품질이 변할 위험이 있어서 입는 거겠지……' 하고 생각했는데 그게 아니었다. 여기에서 입는 방호복은 식품으로부터 사람을 보호하기 위해 입는 옷이었다.

가공라인 바로 앞, 커다란 치즈 선반 옆에 있는 비좁은 공간이 비정규직 전용 작업장이다. 냉장고에서 손수레로 운반해 온 무게 10킬로그램 정도 되는 치즈 덩어리를 철제 바구니에 넣고 수조에 첨벙 담근다. 수조 안은 김이 나는 것처럼 보일 정도로 농도가 짙은 표백제로 차 있다. 표백제는 일반 가정에서도 채소나 과일을 세척할 때 다룬다. 하지만 거대 치즈를 살균하는 농도는 가정용 표백제와는 비교도 할 수 없을 정도다. 가까이 가자마자 눈이 따끔따끔 아플 정도인 데다가 경험한 적 없는 두통까지 생겼다. 엄습하는 불안에 휴식 시간이 되자마자 바로 작업복을 벗고 밖으로 탈출했다.

이 공장은 식품회사의 하청업체로 이곳에서 가공한 치즈는 대형 식품회사의 상품으로 포장되어 시장에 돌아다니게 된다. 어느 회사의 하청인지는 확인하지 못했다. 본래 치즈는 보존식이지만 혹시라도 식중독 사고가 날까 봐 겁이 나서 심할 정도로 살균소독을 하고 있었다.

소독한 치즈는 두꺼운 비닐 칸막이로 구획을 나눈 곳으로 들어가 다양한 크기로 잘려져 제품화된다. 비정규직 직원은 그쪽 작업장으로는 들어가지 못하게 되어 있다. 어두컴컴한 소독장과 달리 칸막이 너머는 조명이 쨍쨍하니 밝다. 살짝 보인 여성 직원은 앞치마와 마스크를 쓴 가벼운 차림이었다.

어느 정도 가공기술이 요구되는 그녀들은 상근고용 직원이라고 한다. 이쪽은 힘쓰는 일로 단순하고 누구나 할 수 있다는 이유로 일용직인 처우와 대비된다. 일용직은 건강상 피해가 생겨도 의료나 보험 같은 보장을 받을 수나 있을지 의심스럽다. 만에 하나 불상사가 벌어져도 부담을 회피할 수 있으니까 일용직에게 위험한 일을 시키는 것일까?

단기적으로 보면 기업은 일용직을 싸게 쓸 수 있어서 이익을 올리는 데 성공하고 있는지도 모른다. 하지만 이렇게 위험한 공장에서 일어날 사고에 대한 대비를 진지하게 고려하기는 할까? 또한 상호 의사소통이나 신뢰가 전혀 없는 상황에서 문제 발생 시 직원들은 기업의 대처를 납득할 수 있을까?

● 신용카드 영업의 씁쓸한 결말

한편 '동일노동·동일임금'이 적용된 직장에서 필자가 겪은 유감스러운 사례도 있다. 2015년 가을, 신용카드 사업에 주력하는 회사들이 늘어나 인력이 부족해 필자에게도 일거리가 들어왔다. 편의점 앞에서 신용카드를 권유하는 영업 업무였다.

판촉물을 들고 지정된 가게로 가서 깃발을 세우고 안내 간판을 벽에 붙인 뒤, 긴 책상에 커버를 씌워 서류를 늘어놓고 영업을 시작한다. 가입하면 경품으로 녹차 티백을 준다.

이 일을 같이한 사람은 24세 여성이었다. 청순한 하얀 블라우스에 몸에 딱 맞는 남색 정장바지가 눈부셨다. 내가 경험이 적다고 생각했는지 친절하게 일을 가르쳐주었다. 서로 영역을 정해서 성과를 겨루는 게 이 업무의 관습이다. 나는 전직 아나운서 출신으로 말하기에는 나름대로 자신이 있다. 젊은 사람보다 일을 잘하는 모습을 보여주겠다고 의욕도 넘쳤다.

한 건 계약할 때마다 기록 용지에 바를 정正 자를 써서 기록한다. 오전 권유가 끝나고, 그녀는 19건, 나는 8건으로 더블스코어 이상 나는 점수 차로 지고 말았다. 많이 한 편인지 아니면 적게 한 편인지를 그녀에게 물어보았다.

"으~음. 오전 내내 해서 한 자리 수면 좀 그럴 것 같은데……."

꼴사납다. 점심 휴식도 대충 마무리하고 다시 판매처에 섰다. 열심히 웃는 얼굴로 말을 걸어보지만 고객의 반응은 차갑다. 내 권유를 받아준 사람은 친절해 보이는 할머니뿐이었다. 오후 업무의 결과는 겨우 7건으로 끝났다. 그녀는 무려 25건을 달성했다. 총합계를 내자 44대 15다. 트리플 스코어로 완패다. 패인을 분석해보면 고객은 젊은 여성이 나와서 영업하는 데는 동정해주지만, 환갑인 아저씨가 애원하는 데에는 감정이입이 되지 않는다. 나라도 고객 입장이 되면 역시 그렇게 행동할지도 모른다.

실적을 이렇게 내놓고 "나를 그녀와 대등하게 대접해라"라고 말하기는 어렵다. 그녀와 나는 같은 임금을 받았지만 내가 그녀 입장이었으면 불만을 토로했을 것이다. 계약 건수가 많고 적고는 이 행사의 모든 경비를 부담한 점포 경영에 직결되기에 중요하다. 열심히 노력한 결과니까 어쩔 수 없기는 하나, 가게 주인 앞에 서니 역시 마음이 켕겼다. 이날 팔지 못한 판촉물은 아직도 필자가 가지고 있다. 그리고 처음 근무한 뒤로 다시 불리는 일은 없었다.

차별은 철폐해야 마땅하다. 하지만 매상과 연결된 경우 그렇게 입바른 소리만 하고 있을 수 없는 면도 있다.

도쿄 신주쿠의 야구장에서 생맥주 통을 짊어지고 이동판매를 하던 사람은 남성뿐이었다. 그런데 시험 삼아 젊은 여성을 한 명 채용해보았더니, 매일매일 최고 매상을 기록했고 현재는 모두 여성으로 교체되었다. 대형 과자제조회사인 가루비를 오랫동안 경영한 마쓰모토 아키라 회장은 "똑같이 방망이를 휘두른다 하더라도 한 명은 홈런, 한 명은 삼진인데, 봉급은 똑같이 받는 게 이상하다. 동일노동이 아니라 동일성과·동일임금으로 해야 한다"라고 현대영업연구회 강연(2015년 10월 14일)에서 정부 주도로 이루어지고 있는 '동일노동·동일임금'을 정면으로 비판했다.

이는 그냥 넘길 문제가 아니다. '동일노동·동일임금'은 자칫 잘못하면 공산주의로 통하고 만다. 같은 시간, 같은 노동만 따지고 성과를 묻지 않으면 그렇게 된다. 현대의 시간제 비정규직 직장에서도 무기력 노동이 늘어나고 있는 추세다. 예전에 공산주의국가는 게으른 노동자가 늘어 진보가 멈추고 자멸에 이르는 길을 걷고 말았다. '동일노동·동일임금'을 적용해서는 안 되는 직장이 있을지도 모른다.

비정규직이 사라지면 기업도 무너진다

필자가 했던 신용카드 권유 업무의 경우 두 번 다시 불리지 않은 이유가 확실하지만, 성과를 올려도 인정받지 못하는 게 비정규직의 현실이다.

필자가 취재한 가나가와현에 사는 야마다 신고(가명. 54세)는 그런 차별에 의해 두 번이나 쓴맛을 봐야 했다. 35세까지 중소기업의 관리직을 맡고 있었으나 회사가 도산해 일을 잃었다. 재취업을 하기엔 애매한 연령이다 보니 인재기업에 등록해, 다음 날부터 바로 일을 시작했다.

하필이면 그해 1999년은 노동자 파견법이 대폭 규제 완화된 시기다. 그 전에는 표면상 파견사원이 원칙적으로 금지였다. 그런데 몇 가지 업무를 제외하고 자유 형식으로 180도 확 바뀌어 버렸다.

야마다 씨는 브러시로 정밀하게 아크릴화를 그리거나 소묘를 그리는 취미가 있다. 한때 프로를 목표로 열심히 그림 공부를 한 경험이 있어 형태나 배색을 알아보는 눈과 감성이 있다. 게다가 화가라고 해도 손색이 없을 정도로 솜씨가 좋아 섬세한 작업이 특기다. 얼마 지나지 않아 가나가와현에 있는 플라스틱 부품제조 공장에서 파이프 등 여러 부품의 색을 정하는 염료 조합이나, 화재위험이 있는 전기회로 관리를 담당하게 되었다. 관리직이 출근하지 않는 휴일에 솔선해서 출근해 나중에는 공장장 대행 같은 업무도 맡았다. 사원이 모두 출근하지 않는 명절에도 중국인 연수생 7명 뒷바라지를 일주일간 혼자서 했다.

당연히 근무표는 야근과 휴일 출근으로 새빨갛게 변했다. 모든 수당이 제대로 지급되었기에 연수입이 500만 엔을 훨씬 넘었고, 공장 상사는 "정말 일 잘한다"고 칭찬하기도 했다. 그러나 3년간 일해도 정규직 사원으로 올라가는 이야기는 나오지 않았다. 야마다 씨도 수입에 만족하고 있어서 굳이 정규직으로 올려달라는 말은 하지 않았다.

정규직 사원으로 올리지 않은 것을 상사도, 야마다 씨도 후회하게 된 날이 갑자기 찾아왔다. 사장이 경영효율을 높이기 위해 외부 경영컨설턴트를 불러왔다. 조직개혁 전권을 위탁받은 컨설턴트에게 야마다 씨는 생각지도 못한 공격을 받았다.

"파견 주제에 잔업을 너무 많이 해."

"중요한 일은 정규직이 해야지. 파견인 당신이 하는 거 자체가 이상해."

"파견 전용 책상이 왜 필요해?"

잔업도 휴일 업무도 금지당하고, 평일은 일이 끝나면 자기 스케줄 관리에 대해 반성문을 강요당했으며, 개선책을 제시할 때까지 퇴근도 금지당했다. 매일 밤 전철 막차 때까지 의미 없는 작문을 해야 하는 일에 견디지 못한 야마다 씨는 회사를 그만두었다. 컨설턴트의 입장에서 자신의 실적을 높이 평가받으려면 인건비를 줄이는 게 가장 쉽고 빠르다. 정규직 사원 해고는 어렵지만 비정규직이라면 문제되지 않는다.

　야마다 씨가 그만둔 뒤 그 회사는 인원을 감축해 이익률이 일시적으로 높아지기는 했지만 매상이 완전히 바닥으로 고꾸라졌다. 그리고 자산을 줄여 겨우 살아남는 좀비 기업이 되었다.

● 아무리 일을 잘해도 돌아오는 말

야마다 씨는 이번에는 연간 계약으로 어느 제조회사에 파견됐다. 실용화된 지 얼마 안 된 3D 프린터를 사용하여 의뢰받은 이미지대로 입체 샘플을 만드는 직장이다.

　그는 여기서도 예민한 감각을 인정받아 제품의 검사 및 발송을 담당하는 품질검사 담당자 일을 하게 되었다. 자동차 범퍼나 가전제품의 케이스같이 외부에 보이는 부분에 있어서는 클라이언트 측이 형태, 색, 광택 등에 깐깐하기 마련이다. 품질검사 담당자는 사진이나 사양서를 보고 미묘한 차이가 있으면 다시 만들어오라고 진언하지 않으면 안 된다. 처음에는 "신입 주제에 건방지게" 하고 뒤에서 욕을 먹기도 했지만, 그 전까지 속출하던 반품이 마법처럼 줄어들자 야마다 씨는 주목을 받게 되었다.

또한 초기 3D 제품은 강도가 충분하지 않아서 조금만 거칠게 다뤄도 쉽게 금이 가거나 뚝뚝 부러질 정도로 튼튼하지 못했다. 파손 제품을 보내면 큰 문제가 되기에 손재주가 좋은 야마다 씨는 여기서도 능력을 발휘해 다른 사람으로 대체할 수 없는 존재가 되었다. 클라이언트의 신뢰를 얻어 안심하고 일을 맡길 수 있다며 의뢰가 쇄도해서 24시간 쉬지 않고 일한 때도 있었다고 한다.

하지만 일은 예기치 못한 곳에서 발생했다. 어느 신입사원이 일을 대충대충 하는 게 신경 쓰인 야마다 씨는 자기보다 나이가 한참 어리기도 해서 가볍게 주의를 주었다. 그 사원은 "파견 주제에" 하고 앙심을 품었다. 그리고 며칠 뒤 야마다 씨는 파견처 인사부에게 연락을 받고 불려가 "주제를 알아라!"며 욕을 먹었다. 신입사원은 패거리를 짓고 "건방진 파견사원 때문에 일이 안 된다" 하고 직접 담판을 지었다. 인사부는 야마다 씨가 직장에서 어떤 평가를 받는지 모른다. 이는 파견제도상 당연한 일로, 파견노동자의 인사관리는 인재기업 업무라서 파견처 인사부는 관계가 없다. 파견처 인사부가 야마다 씨에게 직접 주의를 주었지만, 법률상 그럴 권한은 없다. 주의를 줄 권한이 있는 사람은 근무처 현장관리자뿐이다.

야마다 씨는 결국 기한이 끝나자마자 계약연장이 불발되었다. 그 뒤 운명이 뒤집힌 쪽은 야마다 씨가 아니라 오히려 3D 회사였다. 품질검사나 출하가 정체되기 시작하면서 반품량도 이전보다 늘었다. 주문은 점점 밀리고 생산이 한계까지 돌아가고 있는데도 납품이 제때 되지 않는다. 납기가 지나면 제품은 무용지물이 되어버리고, 이에 불안해진 기술자가 하나둘 뿔뿔이 흩어져, 말하자면 '너무 바쁘게 일한 나머지 부도'가 나버리고 말았다. 야마다 씨를 추방시킨 게 모든 원인이라고는 말하기 어려우나, 적어도 그가 있었다면 상황을 개선하는 데 도움이 되었을 것이다.

인재기업은 법률상 파견직원을 보호할 의무가 있다. 야마다 씨가 부당한 해고를 당했을 때, 법적으로는 나서서 야마다 씨를 위해 대신 싸워주고 보호도 해줘야 했다. 그러나 두 번 모두 움직이지 않았다. 필자는 후생노동성이 '인재기업이 파견을 지켜주는가' 여부를 철저히 단속해야 한다고 본다.

그 후 인재기업은 야마다 씨에게 중장년 파견사원에게는 파격적인, 정년 없고 시급 2,000엔 이상 되는 조건으로 사무직을 알선했다. 인재기업 사원도 사람이기는 한지, 지원 하나 해주지 않았는데도 18년간 매년 200만 엔 가까이 상납한 야마다 씨에게 감사의 마음을 드러내고 싶었던 모양이다.

하지만 만약 야마다 씨가 정규직 사원이었다면 앞서 언급한 두 회사 어디에서라도 해고되는 일은 없었을 것이고, 영업 향상에 공헌한 몫으로 부장 직급 정도로 출세했을 게 분명하다. 비정규직는 아무리 우수하고 실적을 올리더라도 아주 좁은 파견처 현장에서 평가가 끝나고 말아, 회사 전체의 평가를 얻고 책임 있는 지위로 승진하는 일이 평생 불가능하다.

3D 회사 젊은 사원의 경우만 하더라도 주의를 준 사람이 파견이 아니라 정규직 사원 선배였다면 쓸데없이 직급을 따져가며 앙심을 품지 않고 배운 대로 따랐을 게 분명하다. 이 에피소드는 비정규직에 대한 논의를 이어가는 데 있어서 시사하는 바가 크다. 노동차별은 경영자에게 있어서도 리스크로 작용할 가능성이 큰 것이다.

3장

3개월 무급이 가능한 이유

● 관행으로 무마하는 무급 연수 기간

노동문제 관련 기사를 쓰게 된 뒤로 필자에게 메일을 통해 노동 상담이나 "이렇게 문제 있는 회사가 있다" 같은 이야기가 잔뜩 흘러들어오게 되었다. 놀라운 것은 그 건수가 상당히 많다는 점과 문제 해결 방식이 임시방편이거나 악질적이라는 점으로, 경영자의 윤리 의식이 얼마나 낮은지에 대해 아연실색하고 만다. 처음부터 속아 넘길 생각이었던 경영자도 있다. 이런 경우는 사기나 다름없다. 아니, 사기 그 자체다. 가장 최근에 들었던 두 개의 에피소드를 소개하고자 한다.

도쿄 오타구 덴엔초후라면 모르는 사람이 없을 정도로 유명한 고급 주택지다. 덴엔초후 역 부근에 있는 어느 유럽 전원주택풍 카페는 직접 재배한 채소를 사용하고 있다고 홍보한다. 그 덕에 미식에 관심이 많은 여성들의 흥미를 끌어 점심시간에는 꽤나 사람들로 북적인다.

이 가게에는 점원을 모집한다는 구인광고가 항상 입구 정면에 붙어 있다. 아무렇지도 않게 써놓은 구인광고에 이 가게의 악의가 숨어 있다.

"처음 3개월은 연수 기간이라 시급 450엔입니다."

연수는 가게 운영에 필요해 가게 측에서 제시한 업무 내용에 해당한다. 따라서 연수 기간에 시급을 깎는 일은 법적으로 불가능하다. 당시 도쿄의 최저임금은 907엔이었다. 그러나 연수 중 임금에 대해서는 기업에 따라 대우가 제각각이다. 도토루 같은 대형 프랜차이즈 카페에서도 점포에 따라서 홈페이지에 '연수 중에는 무급입니다'라고 게시한 곳도 있다. 요식업계에서는 연수 기간은 관습적으로 사각지대로 여겨지는 모양이다.

그리고 어느 날 사건이 벌어졌다. 고등학생 점원이 가게 앞에 쭈그리고 앉아 울고 있었다. 단골손님이 말을 걸었고, 고등학생을 통해 점원이 3개월을 채우기도 전에 차례로 해고되고 있다는 사실을 알게 되었다. 고등학생은 그때까지 지각이나 결근이 한 번도 없었고, 사고를 친 일도 없다. 해고 이유는 "너는 가게 분위기에 안 맞아"였다.

근거가 모호한 해고는 노동차별이고 법적으로 인정되지 않는다. 그런 위법행위라도 "다른 가게도 똑같은 짓 하는 데 많다"

라고 가게 측이 주장할지는 모르나(안타깝게도 실제로 그런 가게
가 많다) 그녀의 분위기가 맞나 안 맞나 정도는 처음 가게를 찾
아왔을 때 바로 알 수 있는 문제다.

　단골손님에게 추궁당한 경영자는 "일하고 싶다는 여자애가
계속 들어와서……"라며 죄책감조차 느끼지 않는 태도를 보였
다고 한다. 쉽게 말해, 이 경영자의 수완이란 항상 '연수'를 명목
으로 세상물정에 어두운 젊은 여성을 착취해 나오는 것이었다.
그래도 나쁜 짓을 계속하기란 어려운 법이다. 얼마 지나지 않아
이 가게는 문을 닫았다.

● 　　　　　　　돈 대신 일을 가르쳐주잖아!

미용실을 무대로 한 같은 부류의 이야기도 들었다. 덴엔초후 근
처에 있는 지유가오카 지역은 미용실이나 잡화점 같은 여성에
게 인기 있는 점포가 많다. 피해를 입은 사람은 미용학교를 갓
졸업한 22세 여성이었다.

　그녀는 미용학교를 졸업할 때 희망하는 가게로 취직하지 못
했다. 그러자 미용학교 친구로부터 "아르바이트를 찾는 가게가
있어. 장소도 분위기도 좋은 가게니까 일해보는 게 어때?"라는

연락이 왔다. 지유가오카 역 근처 빌딩 2층으로, 바깥쪽 벽이 쇼윈도로 된 미용실이다. 점장은 30대 정도로 믿음직스럽고 사람 좋아 보였다.

"한동안 우리 가게에서 아르바이트를 해줬으면 하네요. 월급이 18만 엔으로 좀 낮은 점은 미안합니다."

18만 엔은 보통 미용실에 취직했을 경우 초봉과 크게 다르지 않다. 그녀는 여기서 일하면서 실력을 쌓아, 다시 한번 희망하던 가게 취직에 도전할 생각이었다. 매일 아침 청소부터 시작해서 주로 샴푸를 담당했고 셔터를 내린 다음 딱 한 번 커팅 연습을 허락받았다.

그런데 한 달이 지나고 두 달이 지나도 월급을 주지 않았다. 처음에는 점장이 깜빡했나 보다고 생각했는데, 아무리 그래도 두 달이 지나니 불안해져 점장에게 물었다. 그러자 그는 생각지도 못한 대사를 내뱉었다.

"응? 우리 가게에 연수하러 온다고 했잖아. 연수 기간인데 돈을 왜 줘?"

그녀가 한 아르바이트 계약은 구두계약뿐이었다. 노동계약에 관련된 서류는 단 하나도 작성하지 않았고, 메모 한 장 없었다. 게다가 커트 연습을 한 번 했으니까 가게 쪽에서 말하는 '연수를 실습했다'는 구실도 일단은 성립한다. 안타깝지만 이런 상황에서 이길 방법이 없다. 사연을 들어도 "포기하고 빨리 잊어버리는 게 낫다"고 전하는 방법 말고는 없었다.

이 가게도 얼마 안 가 문을 닫았다.

그 동네는 미용업계 유수의 과잉경쟁 지역으로 경영이 어렵고 사람을 제대로 고용하지 않기 때문에 계획적인 사기고용까지 횡행하게 된 모양이다.

카페 점원은 고등학생이었다. 미용사를 꿈꾸던 여성은 22세였다. 사회의 문턱에서 이렇게 '아무렇지도 않게 사람을 속이는 직장'에 농락당한 그녀들은 어떤 어른이 되어갈 것인가?

'설마 그럴 리가…… 평범한 경영자가 순진무구한 청년들을 속여먹자라는 생각을 떠올리는 게 말도 안 돼'라고 생각했다면, 설마가 정말 사람 잡는다. 비정규직 처우에 관해서 노동당국이 움직이는 일이 거의 없기 때문에 경영자는 완전히 제 세상이다. 과거 10여 년 동안 사건으로 발전한 일은 단 1건이 전부다. 입시학원이 학생 강사의 임금을 장기간 지불하지 않은 데다가 돈까지 몇십만 엔 빌리고 갚지 않은 악질적인 사건만이 고소가 가능했다. 일상적으로 일어나는 비정규직 안건의 대책이란 거의 대부분이 그저 눈물을 꾹 참고 울다 잠들며 포기하기 일쑤다.

손자를 낳는 미끼, 고령자 채용

입시학원업계도 저출산 등의 문제로 경쟁이 치열해져서 경영
이 어렵다.

'학원생들이 얼마나 많이 좋은 대학에 갔는가'에 따라 학원
생 숫자가 변하기 때문에 학업성적이 뛰어난 학생 유치에 힘쓴
다. 국립이나 사립학교를 다니는 부유층 학생은 공짜로 학원에
들이고, 공립학교를 다니는 학생에게서 이익을 취하는 비즈니
스 모델이 정착했다.*

그렇게 돌아가는 입시학원업계에서 지방에서 수도권으로
진출한 학원이 강사를 채용하는 김에 친척 아이도 함께 학원에
넣으라고 요구해오는 일이 있었다. 그 학원에 지원하여 '채용'
된 58세 남성이 말한 사건의 전말은 다음과 같다.

"채용시험은 엄청 어려운 중학교 입시문제였는데, 하나도 못
풀어서 떨어지겠구나, 하고 생각했습니다. 그런데 합격했으니
까 오라는 게 아닙니까?"

연수라는 명목으로 무급 모의수업을 진행한 다음, 사수인 전
임강사에게 이런 말을 들었다.

---

* 일본에서 사립·국립대학은 소위 '좋은' 학교로 인식된다. 그중에서도 부속 중고등학교에
서 바로 입학하는 내부 진학생 제도가 있는 대학은 역사가 오래된 학교이자, 일종의 엘리
트 코스로 간주된다.

"가르치는 방법이 아직 좀 아쉽네요. 공부하면서 더 연습하심이 어떠세요? 혹시 친척분 가운데 입시 준비 중인 학생이 있으신가요? 같이 공부하면 일석이조니까요."

맞는 말이라 생각한 그는 자기 손자나 친척에게 학원을 권했다. 하지만 다른 입시학원에 이미 다니고 있어서 이제 와서 학원을 바꾸자니 돈이 든다. 아무래도 어려울 것 같다고 학원에 연락하자, 학원 입학비를 면제해주겠다고 했다. 결국 시설 협력금 등 10만 엔 가까운 이적 비용을 그가 부담했다. 아이들을 데리고 학원에 가자 강사들이 함박웃음으로 깊게 허리 굽혀 마중을 나오기까지 했다고 한다.

그리고 학원으로부터 출근하라는 연락을 기다리는데 전화가 전혀 걸려오지 않았다. 참지 못하고 문의를 넣자 이런 황당한 답변이 돌아왔다.

"아직 연수 기간이라서요. 어떻게 설명해야 애들이 잘 이해할지를 연습하세요."

그 뒤로 몇 번이고 전화를 넣었지만 모의고사로 바쁘다는 등 담당자가 장기휴가를 갔다는 등 변명을 연발하며 반년이나 시간이 흘렀다. 아직도 그는 일을 하고 있지 않다. 채용되었는지 여부도 모른다. 아이들이 학원을 다니고 있으니 소란을 피우면 불안해할까 봐 학원으로 직접 찾아가 이야기도 하지 못했다.

"완전히 속아 넘어가버린거죠. 저는 그 학원에 10만 엔이나 상납하고, 월급이든 뭐든 돈은 한 푼도 돌려받지 못했습니다. 애들은 인질이나 다름없어요."

입시학원 측은 학생 소개를 강요하지는 않았으니, 위법도 부정행위도 아니다.

학원강사에 대해서 어느 입시학원의 원장은 다음과 같은 본심을 털어놓았다.

"요새는 말이지요, 회사를 퇴직한 사람이 학원강사를 많이 지원합니다. 우리 쪽 일을 우습게 보는 거겠죠. 어떻게 보는지 상관없지만 평범하게 회사 다니던 사람이 갑자기 할 수 있는 일이 아니라 이겁니다. 육성하는 젊은 사람들도 엄청 고생하는 상황인데, 몇 년을 일할지도 모르는 늙다리를 상대하게 생겼습니까?"

채용을 위해서라고는 하지만 사기나 다름없는 이런 사건들이 다양한 업계에서 횡행하고 있다.

그중에서도 가장 악질은 어린아이를 키우느라 파트타임 근무를 희망하는 주부를 대상으로 한 피부관리실의 수법일 것이다. 시급 2,000엔에 근무시간 스케줄은 자기 마음대로 정한다는 매력적인 조건을 내걸어 주부를 모아놓고, 우선 60만 엔 하는 피부관리 회원권을 할부로 구입하게 한다. 피부관리를 받으면서 일도 할 수 있고 돈도 벌 수 있다는 이유를 말한다. 일을 시작하면 수입이 할부 지불액을 어느 정도 웃도는가를 보여주는 시뮬레이션 그래프까지 준비하고 있었다고 한다(단, 절대 복

사본을 주지 않는다. 악덕기업이 항상 쓰는 꼼수로 고용조건을 제시한 증거를 남기지 않기 위해서다).

막상 일하러 가고 싶다고 연락하면 "지금은 빈 시간이 없다. 다음에 다시 연락 달라"라는 대꾸를 받는 뒤로 더 이상 연락이 없다. 노동계약서는 없고 회원권 할부 계약서만 정식으로 작성한다. 경찰이나 소비자 보호시설에 호소해봤자, 문간에서 쫓겨난다. 피해자는 무리해서라도 시간을 내서 일을 하려는 사람이니 재정상황이 좋지 않다. 그런 여성들에게서 차례로 60만 엔씩 뜯어내는 것이다. 입시학원도 피부관리실도 만성적인 과잉 경쟁 상태다. 벼룩의 간을 빼먹는 업계에는 선량한 사람들을 사기 피해로 이끄는 함정이 숨어 있다.

장담할 수 있는 것은 고용하는 대신에 돈이나 서비스를 요구하는 기업을 모두 사악하다는 점이다.

● ## 조퇴하면 한 푼도 못 받는다

교육관련 산업에서는 시험 감독원을 중장년으로 고용하는 일이 늘어나고 있다. 원래는 상근강사나 사무원의 일이지만, 장시간 아무 일 없이 서 있기만 해야 하는 근무를 싫어하기 때문에 중장년 일용직으로 빈자리를 메꿨다. 수도권의 대표 입시학원인 사픽스나 요쓰야오쓰카, 순다이 같은 유명한 곳에서는 인터넷상에서 상시 모집하고 있다.

그러한 도쿄 내 대형 입시학원 가운데 한 곳으로 파견을 갔을 때의 일이다. 50대 여성이 낮에 몸살 기운이 있다고 도시락을 먹지 않았다. 얼굴이 흙빛에 식은땀을 흘렸다. 오후 시험 시간에 결국 견디지 못하고 복도로 나와 의자에 기대고 쉬고 있었다. 그러자 여성 사무원이 다가와 근무를 계속하던지, 지금 바로 가던지 고르라고 채근했다. 지금 조퇴하면 돈은 한 푼도 못 받는다. 그녀는 교실로 돌아갔지만 결국 상태가 악화되어 병원으로 실려 갔다.

다음 주 주말, 감독원 사이에서 그녀를 걱정하는 목소리가 높아져 뜻을 모은 사람들이 학원 측에게 그녀가 얼마나 아픈지, 그날 제대로 임금을 받았는지 경위를 물었다. 학원 측은 어찌 되었든 고용주이기 때문에 노동자의 건강이나 안전을 배려하지 않으면 안 된다. 하지만 돌아온 대답은 황당했다.

"그런 질문은 집어치우고, 당신들 왜 시험이랑 관계없는 이야기를 하고 있죠? 우리 쪽 누가 그러라고 허가했나요? 위반행위는 바로 등록말소예요."

학생들은 보호한다는 명목으로 감독끼리 사담을 나누는 등 대화 자체가 금지되어 있었다. 연락처를 교환하는 것도 금지다.

많은 입시학원에서는 감독의 휴대폰을 출근 직후에 전원을 꺼서 전용 종이봉투에 넣어 제출하라고 강요하고, 귀가 시 현관 앞에서 되돌려받는 식으로 철저히 관리한다.

하루 내내 서 있어야만 하는 일은 고령자에게는 힘들다. 저녁에는 견디기 어려워져 결국 의자에 앉는 사람이 나온다. 그러면 사무원 여성이 닌자처럼 몰래 시험실로 다가와 갑자기 문을 열고 현행범으로 선고한다. 사무원은 학생들뿐만이 아니라 감독도 감시한다.

사무실에서는 밤이 되면 "이번 한 번만 제발 봐주세요" 하고 자기 손자뻘 나이인 사무원에게 허리를 굽히고 고개를 숙이며, 관대한 처벌을 청하는 고령자의 모습을 볼 수 있다.

기업은 노동조합과 교섭하지 않고 일방적으로 취업규칙을 정해서는 안 된다. 하지만 일용직에게는 애초에 조합이 없어서 부조리한 규칙이 제멋대로 적용되어버리고 만다.

중간에서 사라진 교통비

비정규직은 교통비 때문에 고민한다. 민영 전철이나 지하철뿐만 아니라 버스까지 갈아타기라도 하면 왕복 1,000엔은 가볍게 넘어서 그만큼 순수익이 줄어들어버린다. 그래서 자전거로 10킬로미터가 넘는 원거리를 왕복하는 사람도 있다. 교통사고 위험 말고도, 어지간한 근무처는 비정규직에게 자전거 주차 공간을 제공하지 않는다. 자전거를 비허가 지역에 세우는 수밖에 없고 발각되어 철거되면 수수료가 3,000엔이다. 일당의 절반 가까이 날아가버린다.

아주 드물게 비정규직에게 교통비를 주는 양심적인 기업도 있지만, 중간에 낀 하청기업이 부당하게 삥을 뜯는 곳도 있다. 대형 경비회사 알속 하청기업은 100명이 넘는 경비원을 간토 일대 근무 지역에 직접 출퇴근시킨다. 주업무는 주차장 안전관리다. 각각의 현장을 혼자서 담당하도록 시킨다.

2016년 1월 3일, 정월 초부터 혼잡한 회전초밥집 주차장에서 열심히 자동차 안내일을 하는 60대 남성에게 말을 걸었다. 한겨울임에도 땀을 줄줄 흘리고 있었다. 그의 말에 따르면 근무지는 본인 희망에 전혀 고려되지 않고 배정되었다고 한다. 발주가 들어온 현장 리스트를 전날에 만든 다음, 근로자들도 이름 순으로 정렬한 뒤 위에서부터 차례로 강제 배정된다. 그가 살고 있는 곳에서 차로 1시간 정도 떨어진 거리에 있는 곳까지도 파견된 적이 있다고 한다. 이래서는 교통비가 심하게 든다. 교통비가 많이 드는 날에는 왕복 2,000엔이 든다. 그러나 교통비 지급은 상한이 400엔으로 정해져 있고 일당은 8,000엔이다. 교통비를 뺀 실수령액은 6,400엔밖에 남지 않는다.

단결하지 못하는 경비원

실은 하청기업이 경비원 한 명 한 명의 교통비를 매번 계산해서 원청기업인 알속에 청구하고, 그 금액 전부가 하청기업에게 지급된다고 한다. 어쩌다가 알속 사원과 이야기하다 이 사실을 알게 된 하청기업 경비원은 회사 사장에게 항의하러 갔다. 하지만 사장은 말없이 차를 타고 가버렸고, 그 자리에 있던 사원들은 옅은 비웃음을 지을 뿐이었다. 전혀 상대도 해주지 않는 굴욕적인 대응을 받은 경비원은 따로따로 고립된 일용직 신분으로는 연대하고 싶어도 할 수 없어 항의를 포기했다고 한다.

하청기업이 차액을 빼돌리는 일의 내막은 그리 단순하지는 않은 모양이다. 하청기업 사원은 사정을 어디까지 알고 있을까? 허공에 붕 뜬 차액은 어디로 가고 있는가? 결국 삥 뜯기가 사실이라면 100명이 넘는 노동자가 부당하게 착취당하고 있다는 구도로 볼 수 있다. 하루에 한 명당 1,000엔 차액이 있다고 하면 11만 1,000엔이다. 한달에 20일 근무한다고 하면 20을 곱해 222만 엔, 연간이 되면 2,664만 엔이나 된다.

2016년 12월 27일, 알속 본사에 취재하러 갔을 때 다음과 같은 대답을 들었다.

"폐사에는 발주처로부터 양해를 먼저 구하고, 협력회사로 발주를 넣는 경우가 있습니다. 폐사는 위탁처 고용에 관한 일에는 일체 개입하고 있지 않습니다. 만에 하나 위탁처에 있어서 사회에 물의를 일으킬 사태가 벌어졌다고 한다면, 해약 검토에 들어갈 수는 있습니다. 다만 사실관계가 확실히 드러나지 않은 상태라서 대답을 드릴 방법이 없다는 점에 양해를 구합니다."

하청기업은 취재에 응하지 않았고 진상은 오리무중 상태가 되었다. 파견기업이나 하청기업 틈새에 고개를 들이밀어보면 고용조건이 불투명해진다. 앞 케이스는 전형적인 사례가 아닐까 싶다. 그리고 이 사례의 키워드는 고립이다. 정규직 사원이라면 경비원들이 조합을 만들어 진실을 추구하는 일도 가능했을 터이나, 고립된 비정규직이 한 명씩 항의해봤자 무시당하고 끝이다.

그만두면 되지 왜 굳이 이런 회사를 계속 다니냐고 묻자, "받아주는 데가 여기밖에 없으니까"라는 대답이 돌아왔다.

10장에서 언급하겠으나 비정규직에게는 59세 정년이라는 벽이 있다. 60대가 돼버리면 힘든 업무 말고는 남는 게 없다. 전직 섬유제조회사 관리기술자였다는 그는 면접에서 "써먹을 자격증 한 개가 없다"며 무능력자 취급 받은 뒤로 더 이상은 구직

활동을 안 한다고 말했다.

부당한 임금 갈취, 직장 내 학대와 차별, 장시간 노동 같은 사기노동 등 나쁜 사례는 그 옛날 쇼와 시절부터 있었다. 요사이 새로 나타난 일이 아니다. 하지만 지금과 달리 옛날에는 관계된 노동자 수가 많지는 않고 고용하는 쪽도 언더그라운드 같은 뒷골목 냄새가 났다. 그리고 고용주가 '그쪽 업계'와의 연줄이 있다는 소문이 돌기만 할 뿐, 일반 사회에까지 대놓고 모습을 드러내는 일은 거의 없었다.

하지만 현대는 다르다. 길거리에 흔하게 있는 일반적인 상점, 대규모 프랜차이즈점, 유명 대기업까지 당당하게 위법이나 다름없는 사기고용을 행하고 있다. 이 모든 게 다 21세기에 들어서며 확대된 '비정규직 따위 마음대로 다뤄도 상관없다'는 관습이 정착해버렸기 때문이다.

정규직 사원의 자리는 안전할까?

명예퇴직 수작질의 변천사

앞 장까지 읽고 나서 "나는 정규직 사원이니까, 괜찮아" 하며 안심하는 독자도 있을 것이다. 그러니까 '정규직이라면 쉽게 회사를 그만두지 않는 편이 좋다'가 필자가 정말 진심으로 생각하는 조언이다. 그러나 한편으로는 정규직 사원도 딱히 무사태평하다고는 말 못 한다는 것도 역시 엄연한 사실이다. 이는 호황을 누리는 요즘도 마찬가지다.

1990년대 버블경제가 붕괴된 지 얼마 안 되었을 때에는 정규직 사원을 줄이려고 '직급이 높은 직원이 그만두게 괴롭히기*'를

---

* 원문은 '어깨 토닥이기(肩たたき)'로, 상사가 일하고 있는 부하의 어깨를 토닥이며 퇴직을 권하는 모습에서 유래했다. 주로 명예퇴직 등 기업에서 인원을 줄이기 위해 행하는 사내 따돌림이나 괴롭힘을 가리킨다.

가하던 데에서 시작해, 창문이 없는 방으로 격리시켜 아무 일도 시키지 않는 '귀양실*'까지 노골적으로 명예퇴직 수작질이 성행했다. 하지만 이런 수작질을 공공연하게 사회문제로 공론화하고 비판하여 지금에는 정규직 사원의 입장이 당시보다 안정된 것처럼 보인다.

하지만 현실은 반대다. 정부는 경제단체 등에 중장년 정규직 사원의 고용유지를 부탁하고 있지만 현실은 냉혹하다. 고용되더라도 임금이 1/3로 줄어들거나 젊은 사원과 업무 능력이 차이 나서 사내 따돌림 및 괴롭힘이 발생하기도 한다.

여러 자회사가 있는 중공업 및 전자계열 대기업에서는 중장년 사원을 처리하지 못한 결과, 계열사 기업에 파견하기 위한 인재파견기업을 신설했다. 계열사 기업 수요에 맞춰 적절하게 일해주기를 바란다는 취지였으나, 어제는 사무, 오늘은 기기 수리, 내일은 접수 같은 식으로 '뺑뺑이'를 돌리는 바람에 "이래서는 심부름센터나 다름없지 않느냐"고 격분하며 "그렇게 짜르고 싶으면 내 발로 나가주마!" 하고, 역정을 내며 그만둔 사람도 있다. 오래된 기업이라 관습이 남은 중공업 및 전자계열 대기업조차 이런저런 고생 중인 실정이다.

---

* 원문은 '내쫓기용 방(追い出し部屋)'으로, 사무실 명당 자리로 꼽히는 창가 근처서 시간을 때우는 중장년층 고참사원을 일부러 창문도 없는 격리된 방으로 자리를 옮기게 해, 괴로움에 스스로 회사를 그만두게 하려는 사내 괴롭힘을 위한 장소를 말한다.

그렇게 곤혹스러워하는 기업에 구세주가 나타났다. 파소나 등등의 인재기업이 명예퇴직을 비즈니스로 받아들이기 시작한 것이다. 기업 입장에서는 제삼자에게 작업을 전면 위탁하게 되어서 인사부장을 포함한 인사부 직원이 정신적 부담을 느끼는 일이 줄어들었다. 상담부터 해고 통보까지 인사부장이 얼굴을 마주하는 일도 없이 처리하는 것까지 가능하다.

아무도 모르게 조용히 개인별로 명예퇴직이 자행된다는 점에서 상황은 이전보다 훨씬 심각할지도 모른다. 명예퇴직 리스트에 올라간 정규직 사원에게는 인재기업이 준비한 퇴직 일정이나 재취업 지원 신청과 같은 해고준비 서류가 전달되고 설득이 시작된다. 명예퇴직을 성사시킨 인재기업에게는 무려 정부로부터 60만 엔 상한의 보조금이 보상으로 지급된다.

하지만 정부 지원금의 의미가 변질될 우려는 있다. 실업자에게 성숙한 산업에서 성장하는 산업으로 이직하도록 장려하기 위해 기업이 이직 지원, 직업교육을 행하는 경우 나라에서 주는 보조금이 '노동이동지원보조금'이다. 이 보조금이 전제로 하고 있는 것은 어디까지나 실업한 사람의 이직을 도와주기 위함이지, 실업을 용이하게 하기 위함이 아니다.

제삼자에게 받는 굴욕적인 통보

인재기업은 귀사를 위한 인원 적정화 제안이라며 사원의 비전력 체크 리스트 같은 것을 제시한다. 근무 평가, 장래 가능성, 지병 유무, 입사 시기, 패기는 있는가, 인망이 있는가, 직장에서 붕 떠 있지 않는가 등이 기본 요소다. 어느 요소든 기업 운영에 치명적 이라고는 말하기 어렵고, 법적으로도 해고 사유가 전혀 되지 못 한다. 하지만 머릿수를 조정하는 것이 목적이니 이유는 적당하 게 붙여도 된다. 그리고 "여기서 당신이 가능한 일은 없다"라거나 "다른 보람찬 일을 찾아 제 발로 찾아나서는 게 좋을 것이다"라 거나, "당신에게는 영업직은 무리다" 같은 압박 면접을 가한다.

해고된 사람이 새로운 근무처를 찾으려고 해도, 이직 시장에 서 요구하는 일반 사원은 서른 초반이 아슬아슬한 나이 한계선 이 있다. 그 이상 나이를 먹으면 이직처를 구하는 것이 곤란하 기에 인재파견기업의 파견노동자가 되는 수밖에 없다. 본래 정 규직 사원이었던 사람은 자신을 명예퇴직시킨 인재파견기업에 게 급여 일부를 꾸준히 상납해야 하는 꼴로 전락한다.

이상한 구도지만, 노동자를 지켜야 할 후생노동성은 이 내용 이 언론에 보도되기까지 했는데도 바로 대응하지 않았다. 국회 에서 야당이 움직이라고 채근한 끝에 인재기업에 대해 "퇴직을 장려하여 퇴직자를 양산하는 일은 적절하지 않다"라고 지도했다. 또한 최고법원의 판례를 제시하며, 파소나, 니혼맨파워, 퍼솔 템프스태프, 리쿠르트 컨설팅 등 주요 인재기업을 불러 해당 행위의 위법성을 통고했다.

위법한 기업이 16곳이나 있다고 파악하면서도 국회의원이 목소리를 높일 때까지 움직일 생각을 안한 후생노동성의 태도도 문제가 많지만, 후생노동성이 인재기업에게 일종의 부담감을 느끼며 눈치를 보고 있다는 점이 문제의 배경에 숨어 있는 게 더 큰일이다. 과거에는 그래도 후생노동성 관료가 노동자 보호라는 대의명분을 지키려고 노력했다. 그런데 인재기업이 자신들의 이익을 증대하려는 속셈으로 여기에 정면으로 맞부딪쳤고, 무너뜨리려고 장렬한 드잡이를 벌였다. 정치적인 압력을 가하거나 거짓과 진실을 섞은 폭로를 언론에 터트리는 격렬한 공중전이 벌어졌다. 그 결과가 노동자의 운명을 좌우해온 셈이지만, 이 책의 주제에서 벗어나니 자세한 내용은 생략한다.

이 결과로 인재기업들의 행정처분은 고작 지도나 통보 정도로 끝나, 뒤끝이 깔끔하지 못하다. 10장에서 설명할 예정이지만 이 문제로 인해 정부의 방침 자체 또한 흔들리고 있다. 그로 인해 '재계와 인재기업 VS 노동자' 구도에서 양쪽 모두를 고려하려 들고, 가랑이가 찢어지는 상황이 되어버렸다. 한쪽만 혼내지 못한다는 딜레마가 있다.

이 새로운 종류의 명예퇴직은 전기, 제약, 광고대행사 등 다양한 업계에 침투하였다. 후생노동성의 지도를 받아 더 이상 하지 않겠다고 발표한 회사도 있지만, 파견회사에 다니는 비정규직 직원 이야기를 들어보니 여전히 수면 아래에서는 이어지고 있는 모양이다. 어느 인재파견기업도 최근 영업 실적이 호조를 보이고 있다 한다. 명예퇴직 리스트에 올리는 머릿수는 회사의 규모와 관계없이 일률적으로 100명 정도다. 이는 의뢰기업 쪽에서 정한 사람 숫자가 아니라 인재기업 쪽에서 담당자 10명이 1명당 의뢰기업 사원 10명에게 최대 10회까지 면접이 가능하다고 가정하고 계산해 "저희라면 이 정도 명예퇴직시킬 수 있습니다"라고 견적을 낸 숫자다. 일본의 노동 사상 가장 메마른 정리해고라고 부를 수 있지 않을까 싶다.

쇼와 시절의 빡빡한 노동쟁의를 거친 노동조합이 최근 들어서는 대부분 노사협조로 노선을 전향하였고, 연 단위로 파업을 진행한다는 보도는 거의 없어졌다. 이는 과격한 대립을 없애고 노사가 협력하여 과제를 해결한다는 긍정적인 측면도 있다고 평가받으나, 현대에는 인재기업의 해고 대상에 오른 정규직 사원을 누구도 지켜주지 않는 사태가 야기되고 있다.

똑같은 말을 또 반복하지만, 노동자의 고립은 앞으로도 이 책에서 몇 번이고 계속해서 등장할 키워드다. '무엇이 근본적인 현대의 노동문제인가'를 찾기 위해서는 반드시 고려해야 할 요인 중 하나라고 할 수 있다.

자동차 수리공이 왜 영업을?

인재기업이 정규직 사원에게 명예퇴직을 하도록 권하고 있다는 사실을 공표하지 않고 물밑 작업으로 진행하는 사례가 많다. 수법은 업종에 따라 다양하지만 거의 위법이나 다름없는 사례도 있다. 2015년 9월, 필자는 어쩌다 보니 그 사례의 한 부분과 접촉하게 되었다.

인재파견기업에게 다소 연기력이 필요한 업무라며 소개받은 일이었는데, 2015년 11월부터 다음 해 3월에 걸쳐서 닛산자동차 전국 판매점을 돌면서 판매점의 정비사를 대상으로 면접시험 담당 교관이 되는 일이었다. 인재파견기업과 기업 컨설턴트(후지제록스 종합교육연구소)가 손잡고, 정비사의 영업 기술을 체크한다는 명목이었다.

"베테랑 정비사는 고객과 안면을 튼 사이니까, 수리나 점검 업무를 보는 김에 신차를 파는 의무 사항을 추가한다."

대상은 중장년만, 영업을 제대로 이어가지 못하면 퇴사다. 애초에 정비사로 취업할 당시 영업은 취업 조건에는 없었으니 위법이 아닌가. 처분이 이상할 정도로 엄격한 점으로 미뤄보아, 새로운 명예퇴직 꼼수라고 봐도 무방하다. 면접시험은 20분 동안 수리 부분, 그 뒤 10분은 신차 영업순으로 진행되었다. 채점하는 사람은 컨설턴트와 인재기업 사원이 담당한다. 시험문제

예시는 이런 식이다.

"손님, 지금 타는 차가 밟은 만큼 잘 나가나요?"

"차는 나가기만 하면 되니까, 괜찮아요."

"이번에 새로 나온 차가 있는데 지금 타는 차보다 엄청나게 안전성이 좋아졌거든요."

"나는 얌전하게 운전하니까 문제없어요."

"설마가 사람 잡습니다. 사고는 언제 어떤 일이 터질지 모르거든요. 내가 조심해서 운전해도 교통사고는 남이 일으킬 수 있으니까요."

"정말입니까?"

"어린 자녀분도 있으시잖아요. 신차의 성능이 지난달에 나온 잡지에서 소개된 적이 있어요. 충돌안전성은 미국에서 최고고요. 에어백도 전 구역에 다 설치되어 있고 충돌방지 레이더가 기본으로 들어가 있어요."

"하지만 새 차를 뽑으려면 비싸잖아요."

"주택금리만큼 낮은 저금리 대출도 있습니다. 지금 타는 차 수리비를 생각하시면 오히려 새로 뽑는 게 더 이득입니다."

극단 배우 오디션 저리 가라 할 정도인 이런 테스트를 오랫동안 자동차 정비에만 매달려온 중장년 남성에게 하라고 시키면 당연히 당황하고 잘 못하기 마련이다. 애초에 대인관계가 불편하고 기계만 상대하는 게 편해서 정비사가 된 사람도 있을 터이다. 그런 사람들을 이것저것 따지지도 않고 도매금으로 묶어서 영업맨으로 만들겠다? 닛산 경영자는 임금비를 줄이기로 유명해서 경제신문이 "높은 목표를 이룩하려고 현장은 무리한 요구를 강요당하고 있다"라고 보도했을 정도다. 괴로워하는 제조회사와 판매사에게 컨설턴트와 인재파견기업이 제대로 파고들어간 셈이다.

설마 비정규직 사원인 필자가 명예퇴직에 가담하는 입장이 되리라고는 생각도 못했다. 과연 이런 일에 가담해야 하는가 말아야 하는가 고민하고 있는 사이, 다행인지 불행인지 연수 도중에 추방당했다.

인재파견기업에서 취업이 확정된 뒤 노동조건을 차례로 갱신한 점이 원인이었다. 당초 약속과 달리 시급은 체류 시간에서 실제 근무시간만 따지는 시간제가 되었고, 출장 수당과 숙박 수당 항목은 없어졌다. 숙박은 호텔에서 판매점 수면실로, 6개월간 하는 조건으로 이런저런 추가 수당이 붙기로 한 것이 '추가 수당 없음'으로 바뀌었다.

이게 모두 한꺼번에 통지되었기에 애초부터 노동조건을 속일 생각이었을 것이다. 위법이라고 항의했더니 대답은 이랬다.

"이제 안 나오셔도 돼요."

이 프로젝트의 본질을 여실히 보여주는 처분으로 도심으로 가서 벌인 연수는 한 푼도 못 받고 끝났다. 정비사들은 과연 인간다운 대접을 받았을까?

최근 자동차를 좋아하는 청년들이 줄어들어 자동차업계를 지원하는 사람도 줄고 있다. 정비사는 남아돌지 않는다. 그럼에도 명예퇴직을 강요하는 이유는 인공지능기술의 등장 때문이다. 자동차는 단순한 전자제어 방식에서 자동차가 스스로 판단하는 단계로 접어들고 있고, 드라이브 바이 와이어Drive By Wire(조종 시스템을 전기신호로 통제하는 방식) 등 최근까지만 해도 제트 전투기에나 사용했던 고도의 전자 시스템이 도입되고 있어, 기술자가 이러한 시스템을 이해하지 못하면 데리고 있기 부담스러울 정도다. 또한 정비작업을 하는 와중에 무거운 물건을 다루라고 중장년에게 시키기도 껄끄럽다. 이런 이유로 제조사도 판매사도 모두 중장년 현장기술자를 못 줄여서 안달이 나 있다.

● **컴퓨터에 밀리는 베테랑 직원**

4년에 걸친 파견노동을 경험하며 새삼 실감한 것은 비정규직 사원에 비해 정규직 사원은 한없이 대우가 좋다는 점이다. 임금, 각종 수당뿐만 아니라, 교통비, 복리후생, 휴가, 의료, 경조사 때 헌화까지 가족을 위한 배려도 두텁다. 따라서 매체에서

샐러리맨의 처세술에 대해 필자에게 물을 때, 언제나 이 책 서두에서도 언급한 대로 이렇게 대답한다.

"정규직 사원의 지위에 끝까지 매달릴 것. 직장에서 냉대나 퇴직 권유, 괴롭힘을 당해 정신적으로 부담을 안는다 할지라도 8시간만 참으면 끝난다. 비정규직이 되면 매일 24시간 괴로워서 비교도 할 수 없는 처지가 된다."

그렇다고 하더라도 기업에서 인사부장에게 있어 임원 승격을 위한 든든한 일등석 티켓은 '얼마나 많은 중장년이 명예퇴직했는가'로 발권이 결정된다고 한다. 그러니 '직장에 매달리기'가 더욱 어려워진다. 정규직 사원이 그만두도록 유도하는 만큼 비정규직에서 부족한 일손을 메워야만 한다.

요즘에는 '정규직 사원으로 오랜 기간 경험을 쌓아 얻은 노하우가 필요한 업무'는 점점 없어지고 있다. 경리나 재무에서 한때 수완 좋은 베테랑의 일처리가 꼭 필요했기에 중장년이 정년까지 젊은 직원의 존경을 받으며 일하는 것도 가능했다. 그러나 회계 프로그램이 충실히 갖춰지자 사정이 확 달라졌다. 입사한 지 얼마 안 된 신참이 요령 좋게 일을 처리하는 사이, 컴퓨터를 잘 못 다루는 베테랑이 어물거리기 일쑤다.

단적인 사례를 국세청에서 찾아볼 수 있었다. 매년 소득신고 시기가 되면 국세청은 각지에서 소득신고 상담회를 연다. 여기에서는 세무서 공무원과 아르바이트 청년들이 개별 지도를 한다. 국세청은 인터넷을 사용한 소득신고 이택스E-Tax를 보급하려고 노력하고 있는데 쉽지 않다. 설치해야 할 프로그램이 여러 개인 데다가, 입력 작업도 상당히 복잡해서 보급이 잘되고 있지 않다. 실은 세무서 공무원 당사자조차 완전히는 이해하지 못한다. 시부야 회장에서 필자가 입력이 잘 안 된다고 도움을 청하자, "윈도우 XP 같은 옛날 OS를 쓰니까 이렇지…… 최신 버전을 깔아야 되는데" 하고 일축해버려서 필자는 그냥 포기하고 가려고 했다. 그런데 아르바이트 청년이 출구 밖에서 서둘러 뛰어 들어왔다.

"잠깐만 기다려주세요. 윈도우 XP도 아직 지원하고 있어요."

신고기간 직전에 세무서 공무원과 아르바이트가 모여 연수를 선행해도 제대로 내용을 소화하지 못한 채 형식적으로 끝난다고 한다. 수치 입력 같은 기초교육이 제대로 되지 않은 공무원이 아직 남아 있다는 사실도 의외지만, 세무서 공무원 중 매년 퇴직자 2,500명 중 600명 정도가 정년 전 퇴직자라는 사실도 의외다. 한때는 정년퇴임하여 세무사로 개업하는 게 기정사실 같은 노선이었는데, 요즘은 세무사가 포화상태라서 공무원 때만큼 수입을 얻기란 어렵다고 한다. 세무서에서 정년까지 있는 게 이득이긴 하나 중도 퇴직하는 사람이 많다고 한다.

한편 국세청에서는 30세 전후인 청년들을 다수 모집하려고 직업소개 행사에서 부스를 낼 정도로 열심이다. 이에 대해 국세청은 '어쩌다 보니 그 세대 직원 층이 적어서 그럴 뿐'이라고 변명하지만, 모집 내용에 일정 이상 컴퓨터 기술을 필수로 정하고 있는 걸 보면 중장년층의 재교육은 한계가 있다고 느끼고, 컴퓨터 활용에 익숙한 젊은 인재에 집중하기로 태세 전환을 한 것으로 보인다.

비슷한 움직임이 다른 단체나 기업에서도 일어나고 있다. 적자 재정이 이어지는 지방자치단체에서는 최근 명예퇴직 이야기가 잘 들리지 않는다. 중장년 공무원이 슬금슬금 조기퇴직하기 때문이라고 한다. 본가가 농업이나 자영업을 하는 경우도 많아, 컴퓨터를 제대로 다루지 못해 직장에 앉아 있기가 부담스러워져서 가업을 돕는 방향으로 트는 경우가 많은 것이다.

직장의 조용한 개역에 의한 퇴직 바람은 어느 날 갑자기 정규직 사원에게 불어닥친다. 증권업계에서는 30대가 수적으로 많은 40대를 제치고 점포 간부에 오르는 중이라고 한다.▪

▪ 《주간 다이아몬드》, 〈2017 증권 종합예측〉, 2016년 12월 31일, 2017년 1월 7일 합병특별 새해증간호 참고.

정규직 사원의 위기

직장 스트레스만 없다면 정규직 사원이 퇴직 생각을 할 일은 없을 것이다. 십수 년 전 필자가 그랬듯이 자기 자리가 언제까지든 이어질 것이라고 착각하고 있을 게 뻔하다. 하지만 갑자기 문제가 터지면 옛날처럼 가족, 친지에게 의지할 수 없는 현대에는 무난하게 넘어가지 못한다. 안정된 정규직 사원으로 집을 사서 건진한 가정을 꾸린 복받은 사람이 비정규직이 되어 대출 지옥에 빠져 파산하는 데 1년도 안 걸린다. 이와 같은 사연을 가진 사람의 경험담을 바탕으로 시뮬레이션해보자.

우선 자신이 병에 걸렸을 경우, 회사원이라면 1년 반 정도 병가를 얻을 수 있고 병가 기간 동안 건강보험으로 휴가 전에 받던 임금의 60% 정도의 수당이 지급된다. 이러한 측면에서 볼 때 자기 말고 다른 가족이 병으로 쓰러진 경우보다는 차라리 나은 편이지만 완쾌 후 직장으로 돌아갈 수 있을지가 문제다.

부서에 자기 대신 일하는 사람이 이미 배치된 상태라면 돌아가도 소용없다. 일반적으로 직장 내 인간관계는 폐쇄적이라 지속성을 중시한다. 1년 반이나 직장을 떠나면 거의 이방인이나 다름없다. 따라서 원래 지위로 돌아갔다 착각하고 행동하면, 갈등이 생기고 경력을 쌓은 터전이 완전히 와해된다. 그리고 심한 경우에는 다른 부서로 배치돼 신입 취급을 받아야 한다. 자식뻘

되는 나이의 사원에게 명령받는 입장이 된다.

회사를 오래 다녔고 공헌도가 높았던 사람이 짐짝 취급을 당하면 충격이 큰 법이라, 이 단계에서 자진해서 명예퇴직하는 사람도 많다. 설령 그만두지 않았다 하더라도 관리직책에서 쫓겨나는 경우가 허다하다. 연령이 높은 만큼 시급 단가도 높아지는 바람에 야근도 여간해서는 시키지 않는다. 때문에 휴직 전보다 월급이 급감하고 만다.

미쓰비시UFJ리서치앤드컨설팅 회사에서 진행한 '암 환자 회사원'을 대상으로 한 조사에서는 완치한 사람 가운데 거의 절반이 원래 회사로 돌아가지 못하고 비정규직이 되었다고 한다.

같은 조사에서 해결 방안으로 "기업 쪽의 이해와 배려가 필요하다"라고 강조하고 있고, 후생노동성도 마찬가지 요망을 내놓고 있다. 하지만 현실적으로는 그러한 요망에 응답하는 기업이 많지 않다. 공평성을 중시하는 조직에서는 병이든 농땡이든 장기간 쉰 사원을 특별 대접해주기란 어려운 법이다. 다른 사원에게 피해가 간다면 전체적인 사기도 떨어지게 된다.

분명 2015년경부터 후생노동성의 지도에 따라 복귀를 지원한다고 기업들이 발표해 뉴스에 보도되기도 했다. 그러나 보도되지 않은 부분이 있다. 사정査定 후에 복귀가 이뤄진다는 것이다. 휴가 기간 중 기술이나 자기 관리 등 능력을 향상시켰는지를 질문하는 과정인데, 이 질문을 받으면 "병원에 다니면서 어떻게 스킬을 높입니까!" 같이 화를 내게 마련이다. 그런 경우 인사부장은 십중팔구 "병에 걸린 것도 당신이 자기 관리 못한 것이니 본인 책임이요"라는 말을 한다. 이런 말을 들은 사람 중 한 명은 분연히 자리를 박차고 일어나 퇴직했다고 한다. 더구나 출산휴가, 육아휴가를 마치고 돌아온 여성 또한 비슷한 사정을 받는 사례가 있다고 한다. 젠더 프리Gender-Free를 외치며 여성의 취업을 지원하는 게 당연하다고 여기는 요즘 시대에 믿을 수 없는 일이지만, 이 또한 외부적으로 보이는 겉치레로 감춘 기업의 속마음이리라.

이렇게 정규직 사원을 냉담하게 대하는 태도의 바탕에는 일본 기업의 조바심이 숨어 있지 않을까 싶다. 국제정세는 유동적으로 변해서 수입 원재료 가격이 폭등하거나 출하한 상품 가격이 폭락하여 눈 깜짝할 사이에 영업 부진에 빠지는 등 오르내림이 격해지고 말았다. 영업 실적이 언제 급격히 악화될지 모르는 상황인데 긴 시간 쉬겠다는 사람을 속 편하게 계속 고용하고 있을 수는 없다는 것이다. 즉, 경영 측에도 그럴듯한 대의명분이 있다 보니 무자비하게 병가사원을 명예퇴직시킨다.

가족이 아프기라도 하면
더욱 곤란해진다

정규직 사원에게 있어서 가장 끔찍한 일은 가족이 병으로 쓰러져 간병이나 간호를 맡아야만 하는 경우다. 이는 바로 위기 상황으로 전락하는 지름길이다.

매달 병원을 세 군데 들러야 하는 50세 남성이 있다. 아내와 아들, 딸과 함께 사는 4인 가족이다. 아내가 암 진단을 받고 큰 병원에 입원했다. 그때까지만 하더라도 건강했는데 수술 후유증과 항암제 부작용으로 거의 누워서 생활하는 처지가 돼버렸다. 아들은 축구 시합으로 다리를 다쳐 전치 6개월 판정을 받고 병원에 입원했다. 딸은 천식 발작으로 사경을 헤매어, 역시 장기 입원하지 않으면 안 되는 처지에 빠지고 말았다.

처음에는 열심히 노력했다고 한다. '가족을 지킬 사람은 나 말고 없다, 무슨 짓을 해서라도 버티자……'라며 이 악물고 버텼다. 하지만 통원치료도 간병도 가사도 끝없이 반복되기만 할 뿐 호전이 전혀 없었다. 점점 마음은 지쳐가 몸을 움직이기가 힘들어지고, 가사를 돌보지 않게 되었다. 회사로 복귀해 일을 하고 싶다는 열의도 없어지고, 넋이 나간 상태로 인사부가 시키는 대로 명예퇴직했다고 한다.

"가정부나 가사 도우미 서비스를 적절하게 활용하면 되지 않느냐"하는 의견도 있으나, 수입이 거의 다 끊기고 지출만 있는 상황에서 유료 서비스에 섣불리 기대기는 어렵다. 장래가 어찌 될지 모른다는 불안함을 느끼는지라 지출에 소극적이게 된다. 그리고 움직일 수 있는데도 나만 편하려고 들면 가족에게 미안하다는 기분이 든다. 그러다 우울감에 빠지면 결국 멍한 상태가 되어 자기 자신을 다시 일으켜 세울 정신적 여유가 없어진다.

일본의 병간호 휴업제도는 간병대상자 1명당 93일 휴가를 얻는 것을 인정하고 있다. 그 뒤로도 간병이 필요하면 쉬지 않을 수 없으나, 인사부는 "무단결근으로 징계처분한다" 같은 말을 하고 만다(필자를 포함한 중장년 몇 명이 이런 말을 들은 경험이 있다. 다만 정말로 징계를 받았다는 말을 듣지는 못했으니 그저 허풍일 가능성도 있다).

더욱이 총무성 조사에 의하면 간병하고 있는 노동자 가운데 간병 휴가를 얻은 사람은 3%밖에 되지 않는다.▪

간병 휴가를 얻었다 하더라도 수당은 급여의 40%(2017년 8월 1일 이후는 67%)를 지급할 뿐이다. 한편 의료비나 간병비, 교통비 등의 지출은 급증한다. 특히 의료비는 매해 가격이 인상된다. 보험이 적용되는 약품 가운데에는 개인이 30%만 부담하는 것이어도 한 달 지불액이 50만 엔이나 되는 약이 잔뜩 있다.

▪ 비정규직은 간병 휴가를 부탁하면 바로 해고당할 뿐이기 때문에 0%다. 정규직 사원에 한정한다면 비율이 조금 올라갈 것이다.

2016년 폐암 치료제 '옵디보'가 연간 3,500만 엔이라는 너무 비싼 가격으로 문제가 된 일이 있었는데, 난치병을 위한 신약은 하나도 빠짐없이 고가다.

건강보험의 의료비 제도에서 나오는 최고 지급액에는 달마다 한도가 있다. 그러나 큰 병을 앓는 사람은 언제 갑자기 병원에 입원하게 될지 모르는 법이다. 그런데 개인실밖에 비어 있지 않은 경우, 입원비는 보험료를 받더라도 하루에 2만 엔이 날아가버린다. 국민건강보험 규정으로는 정황에 따라 환자가 부담하지 않아도 좋다고 되어 있으나, 신세 지고 있는 병원의 눈치를 살피는 환자 입장에서는 '지불을 거절한다'는 선택지는 없는 셈이다. 나가는 액수가 똑같다 하더라도 여행이나 취미에 쓰는 돈이면 기분이라도 좋을 테지만, 의료비로 쓰는 돈이면 기분마저 처지고 만다.

사회 복귀가 곤란한 이유는 자신이 병에 걸리지는 않았기에 겉으로 보면 문제가 없어 보이는 만큼 주변 사람들이 대하는 태도가 훨씬 차갑기 때문이다. 당사자는 "내가 왜 이런 고생을 해야 하나"라고 생각하다 보니, 서로의 생각이 엇나가는 정도가 심하고 주변과 생긴 갈등의 골이 더 깊어진다. 병간호 휴업 후 복귀한 지 얼마 되지 않아 명예퇴직을 채근하는 싸늘한 눈초리를 받았다는 사람도 있다.

누구든 빠질 수 있는 사채 지옥

회사에서 강매당한 경우에도, 비정규직으로 이행한 경우에도, 실수령액이 순식간에 줄어들어 가계사정을 압박한다. 여태까지 신경 쓰지 않았던 다달이 나가는 지출이 눈에 들어오기 시작한다. 휴대폰 약정액이나 전기세, 신문값 등이 하나하나 부담스럽게 느껴진다. 의료비 지불이 지속되기 시작하면 고액 치료 보조금 정책이 적용된다 하더라도 매달 9만 엔 정도는 자기가 내야 한다.

여기서 같은 처지의 동년배 가운데 많은 분이 중압을 느낀다고 말하는 부분이 변제기간 35년인 주택대출이다. "이번 달은 봐주세요" 하고 넘어갈 수 없으니 자동이체에 문제가 생기지 않도록 단기 고액 대출을 하는 사례가 많다.

쉽게 빌릴 수 있는 신용카드 회사나 소비자금융의 금리는 빌리는 액수에 따라 달라지지만, 일반적으로 금리는 14%를 조금 넘는다. 거대 은행이나 지방은행 등도 개인을 위한 대출에 열을 올리고 있으나, 정작 곤란할 때는 빌려주지 않는다고 생각하는 편이 좋다.

필자는 거대 은행 창구에서 '대출신청 이유'를 질문받아 '가족의 병으로 휴직 중'이라고 대답하자, 그 자리에서 거절당했다. '직장 복귀하면 빌려주겠다'란다. 그러면 대출을 뭐하러 받겠는가? 믿을 만한 상대가 아니면 리스크를 떠안지 않겠다는 뜻이리라. 해외여행을 이유로 들면 그 자리에서 저금리로 빌려줄지도 모르나, 일하던 곳에 전화 한 통만 넣으면 바로 휴직 중이라는 사실이 들킬 것이다.

2014년경부터 신용카드 회사나 소비자금융은 일부결제금액 이월약정Revolving 등 변제기간을 늘리고, 매달 변제액을 일정하게 해서 채무자가 쉽게 대출을 할 수 있는 서비스에 역점을 두기 시작했다. 하지만 이자가 붙고 수수료도 겹쳐지기 때문에 상정한 것 이상으로 대출 총액이 부풀 가능성이 높아 꼭 조심해야 한다. 일부결제이월약정을 이용했다가 잔고를 확인하고 경악한 사람들이 소비자생활센터* 등에 불만을 터트리거나 지원해 달라고 요청하는 일이 있으나, 물론 아무도 도와주지 않는다.

이리하여 결국 주택대출금을 갚지 못해 3개월 연체되면 사고로 처리되어 전액 일괄변제를 요구받는다. 매달 변제액을 줄이는 상담을 해주는 사례도 있으나 변제기간이 늘어나 이자가 늘어나니 근본적인 문제는 해결되지 않는다. 결국 자기 소유의 집을 임의매각당해 생활 기반을 잃는다. 매각액이 주택대출 잔고에 미치지 못하면 임대주택에서 살면서 월세와 주택대출과 이자를 갚아나가야 하는 삼중고를 겪는다. 매각으로 위기가 끝

* 지방공공단체가 설치한 행정기관으로 사업자에 대해 소비자의 불만 무료상담, 소비자 계발활동이나 의식주에 관한 정보제공 등을 행하고 있다.

나는 게 아니라, 더욱 막다른 길로 몰려간다.

　안정된 정규직 사원의 인생이 이런 과정으로 1년도 안 되는 짧은 사이에 파탄나는 경우도 있다. 계기는 병뿐만이 아니라 남의 빚보증을 서주거나, 자기나 가족이 사고를 일으켜 피해보상을 해주거나, 지진으로 집이 파괴되거나, 다른 집의 불이 옮겨붙어 불타버리거나, 자식이 형사사건을 일으키는 바람에 회사에 소문이 돌아 일하기 부담스러워지거나…… 어떤 경우든 위기는 갑자기 찾아오니, 누구든 당황해서 안절부절 주춤거리기 쉽다. 평상시부터 병에 대한 정보나 병원, 금융, 보험, 행정 서비스, 법률 등 사회정보에 관심을 두는 편이 좋을지도 모른다.

청년을 위한 아르바이트 천국

● 젊음을 이용한 기업의 이미지 전략

노동환경의 양극화가 심각해지고 있다. 2015년 8월 무더위가 심한 어느 날, 지하철역 계단 아래 작은 공간의 문이 열려 있었다. 안을 슬쩍 들여다보니 얼굴이 새빨개져서 땀을 뻘뻘 흘리는 노인 두 사람이 벽에 기대어 앉아 있다. 역 구내 청소담당자로 그곳은 청소 도구를 두는 대기실이라고 했다. 천장은 비스듬히 낮고, 창문은 없고, 넓이는 1평 정도다. '문을 무조건 닫아두라'고 전철회사가 지시했다고는 하지만 뜨겁게 달궈진 열기로 어지러워 환기하려고 문을 열었다고 한다. 그 순간에 내가 목격한 것이다.

이러한 현장이 있는 한편으로는 최근에는 일부러 '보여주기 위한' 청소부도 있다. 공항이나 거대 쇼핑몰, 레저시설 등에서는 청년들이 얼룩 한 점 없는 제복을 입고 청소 도구를 쌓아 올린 카트를 밀면서 걷고 있다. '저희는 청소부까지 깔끔하고 멋있습니다' 하고 어필하고, 손님은 시설에 대한 동경이 커진다. 시급은 1,200~1,300엔으로 높은 편이다.

파견업계에서는 청소작업의 노동조건은 간병, 경비와 어깨를 견줄 만큼 빡빡해 '3D 업종'이라고 욕을 먹고 있지만, 청년들을 대상으로 하는 경우에는 3D가 아니다.

박물관이나 미술관 등의 현관이나 전시 공간에서는 말끔하게 생긴 키 큰 남녀가 빳빳하게 다린 제복을 입고 서 있다. 한편 외부 주차장에서는 자외선을 받으며 새카맣게 타들어가는 노인이 비틀비틀대고 있다. 필자도 한여름에 도쿄의 롯폰기 미술관의 임시직 모집에 지원했었다. 한 곳에 모인 지원자 가운데 필자만이 관내 작업은 채용되지 않고, 야외 경비를 하라는 말을 들은 적이 있다.

보여주기 위한 청소, 보여주기 위한 경비 자리는 취업을 원하는 청년들 입장에서 보면 깔끔하고 체력적으로도 부담이 없어서 나름 매력적이다. 청년들이 일하러 오지 않으면 의미가 없는 기업 쪽도 관심을 끌기 위해 열심이다.

다음 사례도 도큐전철 서비스 담당 모집 공고다. 손님의 문의사항 응대를 맡거나, 위험물이 없나 순찰을 도는 간단한 작업으로 시급 1,300엔이라는 좋은 조건이다. 포스터에는 '학생만 받음'이라고 명시되어 있어 이유를 물어보았다.

"왜 학생만 받습니까?"

"학생들을 지원하기 위해서 입니다."

"지원하기 위해서, 라는 것은 어떤 뜻입니까?"

"말 그대로입니다. 학생들이 일할 장소를 제공합니다."

"노동차별이 아닌가요?"

"차별이 아닙니다. 학생들을 위해서 할 뿐입니다."

'학생이 일할 기회를 지원한다'고 말하지만, 삐딱한 시선으로 보면 '결국 이미지 개선 전략의 일환이 아니냐'라는 느낌을 지울 수 없다. 청년들을 고용하여 밖에다 두고 세간에 내보이고 싶지만, 정사원으로 고용하면 언젠가는 중장년이 되니 곤란하다. 그리고 '학생이라면 단기간만 일하고 그만둘 가능성도 있고, 그만두게 만드는 것도 간단해 쉽게 교환할 수 있다' 하고, 생각하는 것은 필자가 비뚤어진 것일까?

애초부터 이러한 '비정규직 청년들만 대환영' 같은 기업 쪽의 자세는 의외로 지금의 청년들의 지향점과 합치하고 있다는 점을 부정하기란 어렵다.

자발적으로 비정규직을 선택하다

음식점 종업원의 연령이 한쪽으로 심하게 치우쳐 있는 실정이다. '중장년을 채용하면 손님이 멀어진다'고 컨설턴트가 지도하고 있는데, 점원이 아는 사람을 불러와 같이 일하는 '입소문 채용'도 유행하고 있다. 이때 항상 나오는 상용구가 '친구와 함께 일하는 즐거운 직장'이다. 이것이 돈이나 복지보다도 청년들에게 '잘 먹히는' 모양이다.

직장에 평소 같이 노는 친구가 함께 있으면 빠르게 적응할 수 있다. 그리고 일이 재미없어도 친구와 잡담하면서 하면 재미있다. 가게에 청년 그룹이 형성되면 중장년은 있기 불편하다. 도쿄 내의 불고기, 라멘, 패밀리 레스토랑, 카페 등 프랜차이즈 가게 20곳을 취재를 한 결과, 사원 이외의 비정규직 연령을 조사하니 최고령은 32세이고 가장 연령 분포가 많은 연령대는 어디나 20대였다.

모든 가게들이 청년들만 받으려 들면 다른 가게들과 경쟁하게 되어, 울며 겨자 먹기로 임금을 올려야 한다. 2015년 초부터 점포가 사원에게 보이는 대우가 갑자기 개선되었다.

필자가 자주 가는 어느 오코노미야키 가게의 점원은 준비금, 초과근무수당, 심야수당, 교통비, 각종 축하금, 세탁비까지 지급받고 주 6일 일하면서 잔업 50시간까지 해 월급 액면가가

30만 엔이 되었다고 기뻐했다. 그는 본가에서 살고 있으며 매달 용돈으로 20만 엔 넘게 받는다. 정규직의 용돈이 평균 4만 엔 조금 못 미치는 것에 비하면 한참 유복한 환경이다.

요식업계는 보통 일 잘하는 청년들에게 "정규직 사원으로 올려줄 테니, 점장 해보지 않겠느냐?" 하고 권유한다. 그도 몇 번이고 권유받았다고 하나, 계속 이대로 프리터* 생활을 하겠다고 했다 한다. 정사원은 세금이나 보험, 연금 등 월급에서 빠져나가는 부분이 많아져 실수령액이 대폭 줄어든다. 관리 책임이 무겁고 친구와 놀면서 일하기도 어려워진다. 잡무도 많고 부당 초과근무를 피할 수도 없어진다. 정사원을 뭐 하러 하나 이유를 모르겠다고 한다.

하지만 30대 전반을 프리터로 보내면 정사원 취직은 더 이상 불가능한 나이가 된다. 그리고 자기 집처럼 편안했던 가게에서 나이 탓에 혼자만 붕 뜬 상태가 된다는 설마 했던 이야기 전개로 가게를 그만두지 않을 수 없게 된다. 그 뒤로 아르바이트 경력을 이력서에 적어 다음 아르바이트를 찾아보더라도, 역시 나이가 걸림돌이 되어 채용해주는 곳을 찾기 어렵다. 일용직 현장에서는 젊었을 때부터 비정규직이었던 중장년도 드물

---

* '개인사업자'를 뜻하는 영어 프리랜서(Freelancer)와 '노동'을 뜻하는 독일어 아르바이터(Arbeit)를 합쳐 만든 조어다. 일본에서 정규직 이외의 취업 형태(아르바이트나 파트타이머 등)으로 생계를 유지하는 사람을 가리키는 말이다.

지 않다.

현재와 같은 청년 비정규직이 비교적 살기 편한 상황에서는 다양한 고용이라는 말의 뜻이 '현재와 비교해서 비교적 편한 쪽으로 선택'같이 되어버릴 위험이 있다. 안이하게 프리터를 선택할 게 아니라, 정규직 사원이 되어 경력을 쌓는 것을 목표로 삼아야 마땅하다. 이 실태를 청년들이 절실히 느낄 수 있는 콘텐츠를 제작해 직무교육에 투입해야 한다. 고용하는 측도 비정규직을 쓰고 버리는 존재로 볼 게 아니라 장래를 서로 이야기할 기회를 만드는 등 배려해야 한다.

한편, 단카이세대*라고 불리는 이들은 사정이 다르다. 그들은 2016년을 기준으로 42~45세이다. 그들이 대학을 졸업한 1990년대는 취직 빙하기에 해당해, 정규직 취업 경험 하나 없이 비정규직으로 보내온 자가 많다. 현장경험이 풍부해 요령도 좋다. 따로 지도할 필요도 없다. '정규직 사원으로 입사했다면, 꽤 사랑받는 중간관리직이 되지는 않았을까?' 하고 느낄 때가 많다.

---

* 1948년을 전후해서 태어난 일본의 베이비붐세대를 말한다.

그들이 인터넷카페에서 사는 법

한때 사회문제가 된 '인터넷카페 난민*'이 있다. 최근에는 귀에 들리는 일이 없어졌으나, 그 문제가 사라져서 들리지 않는 게 아니다. 난민이라고까지 말하기는 어려워도, 아직도 제대로 된 직업을 갖지 않고 '인터넷카페 주민'이 된 청년은 끊임없이 나타나고 있다. 신주쿠나 이케부쿠로 인터넷카페의 개인실은 거의 절반이 월간 계약을 맺은 장기 체류자다. 하루 2,000엔으로 계산해 한 달치를 미리 낸다. 24시간 출입 자유고 주소 등록, 우편물 받기도 가능하다. 주 거주 연령층은 20~30대이다. 현대의 인터넷카페 주민은 한때 난민이라고 불릴 만큼 이질적이고 비장한 모습이 아니다. 스스로 선택해서 이곳에서 살고 있고, 생활이 곤란하지도 않다. 그러나 겉으로 보이는 무심한 얼굴 속에는 절망이 숨어 있다.

신주쿠에서 33세 남성을 만났다. 그는 대학을 졸업하고 지방 광고대행사에 취직했으나, 영업 할당량이 너무 버겁고 야근수당도 안 나오는 직장이라 오래 다니지 못했다.

상경하고 나서는 금융기관에 장기 파견노동자로 출근했으

---

* 일본의 인터넷카페 중에 개인실형은 테이블마다 구역을 나눈 형태로, 우리나라의 소규모 룸카페와 비슷하다. 우리나라에서 숙박업소를 찾기 어려운 사람이 찜질방에서 숙식을 해결하듯, 일본에서도 인터넷카페 개인실을 숙박업소처럼 사용하는 사람이 많다. 이들을 '인터넷카페 난민'이라 부른다.

나, 직속 상사의 말버릇이 "그게 아니고"일 정도로 매일매일 틀린 점도 없는데 항상 나오는 말이 '아니다'라고 부정당하는 '갑질' 피해를 입고 직장에서 완전히 목소리를 낼 수 없게 되었다. 이런 부조리한 괴롭힘은 개인 문제다, 세상 살다 보면 그런 이상한 사람도 있기는 하다, 어찌할 수 없지 않느냐, 같은 관점도 가능은 할 것이다. 문제는 직장의 자정작용이 일어나지 않는 것이다. 자정작용이 일어나지 않는 주된 이유는 괴롭힘받는 대상의 상당수가 비정규직이기 때문이다.

그는 결국 인터넷카페에서 살게 되었다. 낮밤 구분도 안 가는 부스에서 술과 담배, 온라인게임, 때로는 근처 파친코 가게에서 마음껏 놀고, 졸리면 자고, 돈이 떨어지면 일용직에 나선다. 주로 하는 일은 선술집 아르바이트라고 한다. 잘 안 풀리는 선술집업계에서는 상근 종업원을 최소한으로 줄이고 당일 예약 상황을 봐서 도움을 요청하는 식으로 단기 채용한다. 의뢰하는 쪽은 한시가 급한 상황이니, 그와 같이 나이는 적당히 먹고 경험이 있는 사람을 대환영한다. 가게에서 식비 대용 음식이나 음료를 당연히 제공하고, "급할 때 또 부를 테니 잘 부탁한다"며 임금과는 별도로 금일봉을 주는 때도 있다고 한다.

지원서를 확인하지 않고 제대로 된 면접도 없이 얼굴만 확인하는 정도로 채용을 결정하고, 임금도 당일 현금으로 준다. 그

런 편한 노동을 끝낸 다음에는 편의점에서 캔맥주 하나를 사서 거리에서 마시며 지나다니는 사람을 바라본 뒤 다시 인터넷카페에 은둔한다. 하루 일하면 임금은 1만 엔 이상이다. 인터넷카페의 체류비와 식비, 휴대폰 요금 이외엔 특별한 지출이 없으니 금전적으로 구석에 몰릴 일도 없다. '격차'니 '가치구미勝ち組와 마케구미負け組*' 같은 용어를 꺼내면 그는 눈을 동그랗게 뜨며, 무슨 말을 하는 것인지 이해 못 하겠다는 표정을 짓는다.

"살아가는 데 이기고 지는 게 어디 있습니까? 저는 제가 지고 있다고는 생각 안 하는데요? 회사원 때보다 지금이 훨씬 좋아요."

● **기업의 악의를 피해 숨어들다**

그가 하는 말에도 일리는 있다. 최근 인터넷카페 환경은 굉장히 쾌적하다. 에어컨이나 공기청정기도 완비되어 있고, 예전처럼 곰팡이 냄새나 담배 냄새도 없고, 심지어 샤워 시설이나 음식

* 원문을 직역하면 '승리파', '패배파'로, 일본 사회의 경제적·사회적 격차가 점차 확대되자, 서로의 격차를 비교하며 이르는 유행어다. 사회적으로 인정받고 수입이 높은 사람을 '가치구미(승자)', 서민층 이하를 '마케구미(패자)'라고 부른다.

코너도 청결하다. 부스 안에 깔아놓은 0.75평 매트리스를 깔고
누워 잠도 잘 수 있다.

"1년 내내 덥지도 춥지도 않아서 좋아요. 귀찮은 짓도 안 해
서 좋고."

카페가 아니라 숙박시설로 이용해 법적 문제가 얽혀 있기는
하지만 분명 살기 편하다.

"나중에 후회하지 않을까요?"

"나이 먹고 나면 어차피 다 힘들잖아요. 그러니까 지금이라
도 편하게 사는 게 낫지 않습니까? 괴로운 미래를 위해 지금 고
생하라니, 미친 것도 아니고."

합리적인 찰나주의라고 불러야 할까? 그도 한때는 '정직원
이 되면 고생스럽지만, 임금이 올라가고 연금이나 보험에도 들
수 있고 생활에 여유가 생겨 가정도 가질 수 있다' 같은 상승지
향적인 생각을 품던 시절도 있었다. 그러나 지금은 바뀌었다.

"병이라도 걸리면 어쩌냐고요? 누가 구급차라도 불러주겠
죠, 뭐."

그의 무심한 대답과 달리 현실은 그리 녹록지 못하다. 가령
병원에 누가 실어다 준다고 해도 보험에 들지 않아 고가의 의료
비 지불에 고생할 것이다. 만약 인생의 방향성을 바꿀 마음이
있다면 빨리 바꾸는 게 유리하니까, 아직 젊은 지금이야 말로
움직여야 마땅하다고 생각한다. 지금 이대로라면 전문 능력, 비

즈니스 매너, 다른 사람의 매니지먼트 등 노동자로서의 경력 쌓기를 기대하기 어렵다. 직무 경력서류 면에서도 일용직은 무직이나 다름없으니 무직 기간이 길어지기만 할 뿐. 채용은 이력으로 결정되니 그의 가치는 최악일 것이다.

하지만 주목할 점은 그도 "조직 안에서 훌륭히 일한 경험이 있다"라는 점이다. 인터넷카페 주민 가운데에는 30세 전후의 비슷한 조건을 가진 사람이 많다고 한다. 의욕을 보였는데 헬로워크 사기나 장시간 노동, 부당 초과노동, 갑질 등이 횡횡하는 사회에 환멸이 난 것이다. 기업의 악의에 상처받고, 인터넷카페로 도피한 노동자…… 정부의 행정지도로 직장이 개선되지 않는 한 앞으로도 '자발적 인터넷카페 주민'은 늘어만 갈 것이다. 그들이 장래의 희망, 그리고 책임을 갖도록 돕지 않으면, 미래 일본은 슬럼으로 변하고 말 것이다. 후생노동성, 문부과학성, 재계가 지금 당장이라도 해결해야 할 과제라고 생각한다.

그러나…….

아무도 책임지지 않는 근무 현장

● 직원 존중은 생산성과 직결된다

〈2016 통상백서〉*에 나온 제조업 이외 업종의 노동생산성을 비교해보면, 미국 51, 독일 45에 비해 일본은 27로 낮은 편이다. 특히 서비스업의 생산성이 낮다.

기성복업계에서 성공했다고 평가받는 스트라이프인터내셔널 주식회사의 이시카와 야스하루 사장은 "일본은 선진국 가운데 확실하게 꼴등이다"라고 단언했다.■ 그의 출세 비결은 사원이 조사한 입지 제안을 받아들여, 매장을 열었다가, 실적이 좋지 않으면 빠르게 폐업하여 다음 사업으로 전환하는 스피드경영이었다. 과감한 텔레비전 광고로 일약 지명도를 높인 패션 브랜

* 무역에 관하여 일본 정부가 작성한 실정 보고서. '무역 백서'라고도 한다.
■ 테레비도쿄 〈캄브리아 궁전(カンブリア宮殿)〉 2016년 10월 20일 방영.

드 어스뮤직앤드에콜로지 뿐만 아니라 양말이나 잡화 전문점, 아이스크림 가게에 이르기까지 27개의 하위 브랜드가 있다.

사원이 떠올린 아이디어를 존중하는 이유는 사원 13명 중 10명이 한꺼번에 그만둔 쓸쓸한 경험을 해서라고 한다. 점포에서 신제품을 파는 것만이 아니라 통신판매나 대여, 중고물건 판매 등 폭넓게 사업을 전개해 사원이 활약할 장소를 늘리고 생산성을 높이는 일을 목표로 삼고 있다. 대개 기성복업계에서는 정규직, 비정규직을 따지지 않고 노동자가 혹사당하는 일이 눈에 띈다. 하지만 이 기업은 다르다. 악담만 잔뜩 있기 쉬운 익명의 회사 정보 공유 사이트에서도 '이 회사는 정말로 시간 외 근무를 하지 않는 근무체계를 도입하여 쓸데없는 업무를 해소하려고 노력하고 있다'고 평한다.

시간만 채우고 가자

그런 이시카와 사장의 정책과 정반대에 있는 것이 일반적인 비정규직 노동 현장이다. 업무의 다양성은커녕 단순작업뿐이고, 긴장감도 없이 늘어져 있다. 아이디어를 짜내어 새로운 혁신을 불러일으키기는 것은 이미 포기한 지 오래다. 손발을 움직이기만 할 뿐 머리를 아예 안 쓴다. 그날 처음 이 현장에 왔다는 비정규직도 많기에 일 처리 방법도 잘 몰라서 시간만 허비한다. 직원들은 모두 휴대폰을 만지고 있다. 그러니 현장감독이 한 소리 하지만, 어차피 그 자리에서 잠깐 혼나고 끝이다. 임금에는 아무 영향이 없다. 옛날 합숙소 노동이었으면 죽기 직전까지 얻어맞았을 테지만, 지금은 폭언이면 몰라도 폭력을 휘두르는 정규직을 만나기란 드물다.

일이 잘 안 되더라도 책임은 지지 않기에 딴청 피우는 사이 시간이 끝난다. 최근에는 몽둥이와 스톱워치를 든 험상궂은 현장감독이 고함을 지르며 생산 할당량을 강요하는 직장이 늘고 있다. 하지만 그 이유가 비정규직의 업무 태도가 악화되었기 때문에 일어난 일이라고 하기는 어렵다.

애초부터 정재계가 가장 중요하게 노린 것은 비정규직이 노동 구조의 밑바닥을 이루고, 필요할 때 편리하게 데려다 쓰는 것이라서 능력은 기대하지 않는다. 이러한 격차 차별이 있어서인지, 비정규직 현장에서는 다음과 같은 퇴폐적인 삼단논법이 정착되었다.

이익을 높이기 위해서 저임금 비정규직을 조달한다.
비정규직은 능력이 높지 않다.
효율이 낮더라도 저놈들은 비정규직이니까 도리가 없다.

쓰는 쪽 생각이 이렇다 보니, 비정규직은 결과 따위 신경 쓰지 않고 느긋하게 지낼 수 있다. 생산성은 오르지 않고, 오히려 줄어들기만 한다. 가끔씩 비정규직이 의욕을 보이며 "이런 방식으로 일하는 건 이상합니다" 하고 제언하면 "귀찮게 쓸데없는 소리 하지 마라"하고 쫓겨나버린다. 높은 직위를 가진 사람은 기존의 방식을 고수하기 일쑤여서 비정규직이 의견을 내면 아주 싫어한다. 필자도 몇 번이나 "너 이 자식, 뭐 잘났다고 큰소리야?" 하고 어찌나 욕을 먹었는지 모른다.

제2차 세계대전이 끝난 뒤 무너진 산업을 발전시킨 원동력 중 하나가, 도요타의 '가이젠*'으로 대표되는 이름 모를 수많은 노동자의 독창적인 아이디어라는 사실은 이미 널리 알려져 있다. 부하가 입장에 관계없이 자유로이 의견을 내놓을 수 있었기에 가능한 일이었다.

가이젠은 자동차 제조회사 생산라인 현장직이 작업공정을 곱씹어, 초 단위로 효율을 올렸다는 사실로도 유명하다. 그중 대표적인 예가 생산 직원의 작업에 맞춰 차체를 생산라인 위로 이동하며 상하로 조절하는 것이다. 이전에는 쭉 같은 높이로 이동하는 차체에 직원이 자세를 바꿔가며 작업을 했다. 종업원을

---

* 주로 제조업 생산현장에서 이뤄지는 작업을 하나하나 반성하는 방식을 가리킨다. 작업 효율 향상이나 안정성 확보 등을 경영진이 일일이 지시하지 않아도 현장에서 중심적으로 서로 아이디어를 내어 보텀-업Bottom-Up 방식으로 문제를 해결해나가는 것이 특징이다.

낮은 임금으로 혹사하는 것이 이익을 내는 것이라 믿는 경영자라면 생산라인의 개선으로 돈이 드는 그런 제안은 "생산직 농땡이 피우라고 투자하는 줄 아나……" 하고 거부할 것이다. 하지만 도요타를 비롯한 자동차 제조회사는 부담을 줄이는 제안을 받아들여왔다. 그 결과 작업하는 부분이 항상 생산직의 눈높이에 맞춰서 오기 때문에 일어섰다 쭈그렸다 할 필요가 없어졌고, 작업 속도는 올라가고 피로는 줄었다. 일시적인 개조비용은 들었을지 모르나 그 뒤로 생산효율은 종전에 비해 향상되었다.

● 5분이면 할 것을 3시간이 걸린다

직장에서 아무도 개선책을 이야기하지 않으면, 바보 같은 작업을 수정도 안 하고 끝없이 반복하게 된다.

여기 스티커와 휴대폰이 각각 300개씩 있다. 스티커의 번호와 휴대단말기 화면에 표시된 번호를 서로 대조해 같은 숫자를 찾아 짝을 짓는다. 300개라는 많은 휴대폰 사이에서 아주 낮은 확률로 '짝 맞추기' 놀이를 하라고 6명의 비정규직 직원이 명령을 받았다.

"어디부터 손을 대면 좋을까요?" 하고 묻자, 파견처 회사의 정규직 사원은 "몰라요, 파견이 하는 일이라서. 편할 대로 하세요"라고 대답할 뿐이다.

휴대폰을 유저가 바로 사용할 수 있도록 미리 세팅해놓는 '키팅Kitting'이라는 업무였다. 휴대폰업계는 개인 고객과 별도로, 법인 고객을 대상으로 일괄 대량계약을 누가 따내느냐 하는 경쟁을 펼치고 있다. 파견된 곳은 통신회사 소프트뱅크의 하청회사로부터 또 하청을 받는 기업이었다. 스티커를 단말기에 붙여야 하는 광경을 본 우리는 망연자실했다. 스티커는 제각각 흩어져 있고, 단말 번호도 제각각이다. 어느 쪽도 순번으로 정렬되어 있거나 그룹으로 나뉘어 있지 않았다. 더듬더듬 하나하나를 확인해 작업하는 수밖에 없다.

한 명이 휴대폰 번호 밑의 네 자리를 읽어내면 나머지 다섯 명이 일제히 스티커 다발을 뒤진다. 번호가 맞으면 스티커를 붙인다. 처음에는 숫자가 많아서 짝 하나를 골라내는 것조차 고생이었다. 이런 답답한 작업을 3시간 동안 진행했는데 경험이 있는 여성에게 물으니, 이 회사에서는 쭉 이런 식으로 작업했다고 한다.

이름을 컴퓨터로 정리하는 단계에서 순번을 단말에 맞춰서 정리했으면 5분 만에 끝나는 작업이었을 것이다. 노동 현장에서는 이렇게 귀찮고 번거로운 일을 모두 비정규직이 떠안고, 정규직 사원은 작업에 관여하려 들지를 않기에 정규직 사원이 개선의 필요성을 피부로 느끼는 일이 없다. 비정규직은 할당량만 달성하면 시간이 얼마나 걸리든 일한 시간만큼 시급을 받을 수 있기에 역시나 '가이젠' 할 구석을 보고하지 않는다. 시간이 지나도 업무의 개선이 이뤄지지 않는 이유는 여기에 있다.

●　　　　　　　　　　　　　현실과 동떨어진 전략의 부작용

지금까지 이야기한 '노동효율이 얼마나 낮은가'는 노동자의 입장에 지위 격차를 설정해서 벌어진 일이었다고 논리전개를 해왔다. 비정규직의 지위를 고정시켜버린 뒤로, 인재기업계의 확장이나 파견근로, 일용직 근로의 확대가 모두 부작용을 일으키고 있다고. 그러나 이는 일본의 정재계에게 모든 책임이 있느냐고 한다면 사실은 꼭 그렇다고만 할 수 없다. 배경에는 외압이 있었다. 그것도 OECD의 경제발전심사위원회라고 하는 각국의 경제발전을 응원하는 기관이 그 정체니 놀랄 노 자다. 아래는 그 제언의 요지를 기록한 것이다.

"장기고용이나 연공임금제도 등 일본의 고용관행은 시장의 자원배분기능을 살리지 못한다. 고용이 안정되어 있으면 노동자는 이직할 필요를 느끼지 못하니 근면하게 기술을 습득할 동

기를 느끼지 못한다. 많은 나라에서는 유능한 신입사원이 빠른 시기에 선발되어 승진하는 데 비해, 일본에서는 채용된 뒤로 대략 15년 동안은 같이 입사한 종업원 사이에 승진하는 속도의 차가 거의 없고, 유능한 인재에게 낮은 지위의 일을 부여하여 재능을 낭비하고 있다. 따라서 일본은 노동시장의 유연성을 촉진하기 위한 노동시장 정책 변경이 필요하다. 구체적으로는 민간 직업소개와 노동자 파견사업을 확대하는 것과 정규직 사원 해고에 관한 기준을 완화하는 것이다."■

일본의 산업계는 말 그대로 이 제언대로 '개선'해왔다. 사원을 가능한 한 빠른 시기에 선별해 장래의 수뇌부 후보로 삼았다. 한때 신문사 경제부의 꽃은 대기업의 상층부 인사 특종이었으나, 이제는 그런 기사가 신문의 1면을 장식하는 일은 없다. 누가 최종적으로 위에 올라갈 것으로 보이는가, 발표된 자료로 일찍부터 알게 되기 때문이다. 그렇게 해서 유능한 인재가 활약하게 되었는가 아닌가는 대형 무역회사의 인사발령 동향 등을 미루어볼 때 일단은 성공한 듯 보인다.

여기까지는 좋다. 그러나 '정사원의 고용을 불안정하게 만든다'는 점에 대해서는 노동조합 연합이 일괄적으로 반대했다. OECD는 유럽같이 이직시장이 활발한 곳을 전제로 이야기한

■ 이시미즈 요시오 지음,《일본형 고용의 진실》, 지쿠마분코, 2013.

모양이지만 일본에서는 이직시장이 활발하다고 하기 어렵고 해고당한 사람이 대부분 비정규직으로 전락하고 만다.

한편 OECD 제언이 가장 영향을 준 점은 민간 직업소개와 노동자 파견사업을 확대하며 인재기업이 늘어났다는 것이다. 노동자 파견을 처음으로 인정한 1985년 이후 30년 정도, 일본은 말 그대로 이를 위한 규제완화나 법률개정, 행정지도를 쌓아 올려왔다. 정부의 규제개혁 회의에서는 인재기업과 협력하여 사업을 전개하는 회사의 대표가 의장을 맡고 있었고 과반수의 의원을 인재기업의 대표가 점하고 있어서 누가 봐도 한쪽 편을 드는 불공평한 회의 결과가 나왔다. 그 결과, 일본의 인재기업 업계는 세계 최대 규모로 확대되어 8만 개에 달했다.

하지만 방송국에서 사원으로 일하던 때만 해도 노동문제에는 관심이 거의 없던 필자를 이 주제로 파고들게 만든 동기가 된 문제들인 구직 사기나 최악의 비정규직 대우, 노동효율의 악화, 연령 차별, 부려먹고 돈 안 주기나 초과근무 수당 안 주기 등등 수많은 위법행위가 이 규제 개혁 이후에 일어난 일이다(10장에서 더 상세히 서술하겠다).

괜히 벌집을 들쑤셔놓은 OECD 제언은 1996년에 발표됐다.

결과적으로 이 제언은 일본을 엉뚱한 길로 빠지게 만들었다……. 악의는 없었을지도 모르나 실질적으로는 악의가 가득한 결과가 나왔다. 유럽에서는 대부분 기술을 가진 전문직이 인재파견 대상이고, 대우나 임금도 법률로 엄격하게 보호받고 있다. 일본에서는 손 놓고 보기만 하는 '허위 직업소개'도 유럽에서는 법률로 엄격하게 처벌하고 있다. OECD 학자들은 세계 제일이라 불리는 일본이 설마 노동법이 매우 느슨하고, 경영자나 인재기업의 윤리관도 천박하고, 노동자의 차별·냉대·학대·노동효율 악화가 점점 더 심각해지고 있다고는 상상도 못 할 것이다.

개혁을 모색하던 일본기업이 OECD의 권유에 따른 결과 직장은 어떻게 변하고 말았는가? 그 예를 다음에서 살펴보도록 하겠다.

● **30명 중 28명이 비정규직인 현장**

2015년 6월부터 7월에 걸친 오츄겐 명절 시즌, 필자는 오랜 전통과 격식을 자랑하는 니혼바시의 유명 백화점에 파견되었다.

'상품권 설명 담당'이라는 간단한 업무로 채용되었다. 앞치마를 두른 여성 점원밖에 없는 판매장에 짙은 남색 양복을 입고 가슴에 명찰을 단 나이 많은 남자는 무시하려고 해도 눈에 띄는 모양이다. 가장 밑바닥인 일용직일 뿐인데 점장으로 오해받고 만다. 혼잡한 가게 안에서 살기를 띈 고객이 불만을 터트리려고 다가온다. 그 내용은 다종다양하여 근무를 시작한 지 얼마 안 된 일용직으로서는 도저히 대응하기 어려운데도 "단기 아르바이트라 잘 모릅니다"라고 말하면 절대 안 된다. 최선을 다해 고객의 요망에 답해야만 한다.

시기가 시기인 만큼 상품권 판매장에는 손님이 무더기로 온다. 때문에 대기시간이 1시간을 넘기는 일이 흔하고 손님이 하나같이 살기를 띠고 있다. 점원 대부분이 계산하느라 바쁜 탓에 필자가 불만 대응을 죄다 떠안는다. 그러면 점원의 작업 흐름이 끊기는 일은 없다.

배치된 판매장에는 30명 정도 종업원이 있었지만 정규직 사원은 둘뿐이었다. 이 두 사람은 백야드에서 금전이나 상품권, 주문전표 등 귀중품을 관리하는 일을 담당하고 매장으로 들어오지 않는다. 나머지 28명은 계약사원, 장기 아르바이트, 단기 아르바이트, 계절 아르바이트, 주3 아르바이트, 장기 파견, 임시 파견 등등 입장은 제각각이지만 모두 비정규직이다. 그 외 공통점은 시급이 모두 1,000~1,100엔이라는 점밖에 없다.

그녀들은 고립되어 대화도 없이 자기 업무만을 담담히 처리할 뿐이고, 내가 손님에게 공격받는 모습을 보더라도 누구 하나 자리에서 일어서는 법이 없었다. 정규직 사원마저 "귀중품을 그냥 두고 갈 수는 없다" 하고 나오려 하지 않았다. 직장에 일체

감이 없고 무기력함만이 만연한 게 기시감을 풍긴다. 쪼개서 부여받은 최소한의 업무를 정해진 시간 동안만 하면 오케이라는 경직된 현장이었다.

개선이 되지 않고 갈수록 망가지다

고객을 유지하려고 있는 불만대응 업무처럼 원래는 경험을 쌓은 전문가가 맡아야 마땅한 일을 시급 1,000엔 일용직에게 맡겼으니 문제가 안 생길 리가 없다.

초짜인 내가 잘 처리했을 리도 없다. 그리고 별별 손님이 있다. 앞에 손님이 잔뜩 있으나 마나, 멀리서 이리 오라고 턱짓으로 나를 한 번 부르고는, 바로 대응하지 않았다는 이유로 불같이 달려와 어깨를 붙잡고 "아까부터 내가 부르고 있잖아!" 하고 거칠게 흔드는 손님, "차례가 돌아왔는데 대합실에 없어서 번호표가 무효처리 되었습니다"라고 설명했는데도 1시간이 지나도록 "나 먼저 처리해!" 하고 우기는 손님, 이런 진상 손님에게 건넬 적절한 말 한마디가 바로 떠오르지 않는다. 궁색한 대응 끝에 입을 다물어버린 내게 몇 명은 "백화점이 여기뿐인 줄 알아?" 하고 떠나버리기도 했다.

이거나 저거나 다 비정규직으로 때우기. 이게 기업에게 무조건 좋은 결과만 가져오는 것은 아니지 않은가? '오늘만 대충, 이번 분기만 대충 넘기면……' 하고 임시변통으로 때우고 있다는 느낌을 지울 수 없다. 감히 한 말씀 올리자면, 장래에 이 조직을 어떻게 하고 싶은 것인지 인사정책에 비전이 느껴지지 않는다. 매일 조례에서는 사무적인 업무사항 전달만 있을 뿐 업무 개선으로 이어질 만한 발언은 한 달간 일하며 한 번도 듣지 못했다.

'백화점이 망해간다'는 말이 딱 들어맞는다. 그 이유가 중산층이 줄어서, 소비자의 기호가 다양해져서, 인터넷쇼핑이 잘 나가서 등 이런저런 이유가 있겠으나, 그중에서도 '노동환경 개선의 의지가 희박해서가 가장 큰 이유 중 하나가 아닐까?' 하고 절실히 느꼈다.

● ## 아무도 신경 쓰지 않는
치명적인 결함

실은 이 판매장에는 진상이 아닌 온화한 손님이라도 화가 나게 만드는 치명적인 결함이 있었다. 신참인 필자도 3일 만에 알았다.

상품권을 사러 오는 손님은 오늘 처음 여기 온 사람만 있는 게 아니다. 오래된 단골손님의 경우 이름을 입력하면 바로 대응할 수 있는 전용 주문 시스템이 구축되어 있다. 인터넷이나 팩스로 사전에 주문을 받아 패키징까지 마친 상태라서 전달만 하면 되는 손님도 있다. 외판원이 직접 방문해서 데리고 오는 VIP 대접 손님도 있다. 번호표 순서에도 불구하고 우선적으로 대응해야 할 고객이 너무나 많다. 이런 손님은 모두 판매장 담당이 하나하나 우선 처리하게 된다.

그 결과 일반 고객에게 차례가 어지간히도 돌아오지 않는 때가 생긴다. 그 가운데 눈치가 빠른 사람은 자기보다 늦게 온 사람들이 차례차례 먼저 처리되는 사실을 알아차린다. 그러면 참지 못하고 딱딱하게 굳은 얼굴로 일어나, 조용히 내게 다가와 묻는다.

"왜 저만 순서가 밀리죠?"

"시스템상 대응에 차등이 있어서요. 손님마다 입장이 다 다르기도 하고요. 사전에 주문하신 분도 있으시고, 고령이신 분도 있으시고 해서……."

"아아, 그래요……? 사전주문 같은 건 아무도 안 알려줬는데 굉장히 불공평하네요? 됐어요. 다신 안 올 테니까."

오늘부터 단골손님이 될 수도 있었던 여성의 뒷모습에서 시선을 떼자, 자기 눈앞의 손님에게만 담담하게 대응하고 있는 수

많은 비정규직 점원들의 생기 죽은 얼굴이 늘어서 있었다.

2016년 11월 30일에 OECD는 도쿄센터 소장을 BS닛폰 TV의 뉴스방송 〈심층NEWS〉에 출현시켜, 일본의 노동사정을 개선하라고 채근했다. 이날 방송의 제목은 〈'유감스러운 나라' 일본〉이다. '이제와서 그쪽이 하실 말씀이 아닐 텐데요?' 하고 따지고 싶을 정도지만, 일단은 넘어가자.

소장은 우선 일본의 노동생산성이 낮은 이유가 "노동자의 능력을 제대로 사용하지 못해서다"라고 비판했다. OECD의 국제성인능력조사에서 일본의 50~60대 중장년은 노동생산성이 높은 다른 선진국(스웨덴이나 덴마크 등)의 동시대 사람들과 비교해 가장 능력이 높다고 지적하면서 중장년을 활용하지 못하니까 일본이 안 되는 것이라고 한다. 이 세대는 비정규직 노동이 확대되기 이전의 쇼와 말기, 말 그대로 OECD가 그렇게 욕하던 종신고용밖에 없던 세계에서 자라난 마지막 세대다. 그리고 현재와 같이 중장년 대부분이 차별받고 활용되지 못하게 된 데에는 OECD가 제창한 '노동시장의 자유화'로 인해 파견이나 일용직 노동이 퍼져버린 게 원인이다.

놀랍게도 이제는 OECD가 그동안 일본이 기업단위로 정규직 사원 교육에 힘을 실어왔었다며 높게 평가하고 있다고 한다. 유감이지만 시곗바늘은 뒤로 돌리지 못한다. '앞으로 기업과 사원이 어떻게 바뀌어야만 하는가'에 대해 참견하는 외부의 목소리에만 귀를 기울이는 것은 적당히 하고, 지금 당장이라도 일본의 특성에 맞는 제도를 모색해야 마땅하지 않겠는가?

손님이 왕인 지옥

과도한 접객의 그림자

'오모테나시_{おもてなし}*'가 일본의 미덕이라도 되는 양 모두가 믿고 있다. 도쿄 올림픽 유치 프레젠테이션에서 일본을 소개하는 말 중 '오·모·테·나·시'를 사용한 다음부터 그런 경향이 더욱 심해진 것으로 보인다. 하지만 의외로 일본어 사전에 오모테나시라는 항목을 넣은 경우는 찾아보기 드물다. 권위 있는 사전인《고지엔》에도《일본어 대사전》에도,《다이지린》에도 실려 있지 않다. 즉, 일반적으로는 별로 사용하지 않는 단어라고 할 수 있다.

오모테나시라는 말은 다음과 같이 정의할 수 있을 것이다.

---

* 다른 문화권에서 보면 과도할 정도로 손님에게 자세를 낮추어 마치 '하인이 귀족이나 왕에게 대하듯 손님을 대접하는 것'을 말한다. 우리나라로 적용하면 '손님이 왕' 문화라고 할 수 있다.

해당 업무에 필요한 수준 이상으로 과도한 수준의 미소와 접객, 과잉친절, 손님이 정말로 필요로 하는지 아닌지도 모르는 지나친 서비스, 과잉포장이나 가게 밖까지 배웅을 나오는 부차적인 작업. 때로는 단골을 늘리고 이익을 올리려는 목적으로 손님으로부터 받는 비상식적인 요구까지도 모두 응하는 서비스 전략.

손님에게는 대환영일지 모른다. 하지만 이것은 바꿔 말하면 노동자의 권리 경시와 표리일체라는 사실을 잊어서는 안 된다. 오모테나시가 위험한 이유는 장시간 노동이나 노동자의 몸과 마음에 과도한 부담이 가는 등의 폐해를 동반하기 때문이다. 오모테나시를 지키기 위해 '열심히, 묵묵히, 갸륵히, 몸이 부서질 정도로' 일하는 사람도 있다. 이런 탓에 노동자의 권리는 더욱더 뒷전으로 밀리고 결과적으로 생산성도 올라가지 않는다.

●   끝나지 않는 포장이사 서비스

포장이사업계의 큰손인 아트이삿짐센터는 서비스가 너무 지나친 바람에 문제가 생긴 적이 있다. 이사가 끝난 집에서 혹시라도 가구를 옮기거나 해야 할 때, 다음 날이라도 무료로 출장 서비스를 하겠다는 것이다. 손님 입장에서는 장롱이나 책상 같은 큰 가구는 일단 대충 배치해놓고 점차 사용하면서 쓰기 편한 위치로 다시 배치해야 하는 일이 왕왕 있다. 무거운 물건은 쉽게 옮기기 어렵고 아래층에서 위층으로 옮기려 치면 난공불락이다. 그러니 고객 서비스로서 발상 자체는 나쁘지 않았다고 할 수 있다. 그러나 종사하는 직원의 대우도 개선하는 점을 빼먹은 모양이다.

실은 직원 입장에서는 이사 작업이란 게, 짐을 싹 비운 짐칸을 보며 상쾌한 성취감도 느낄 수 있는 법이다. 그런데 새로운 서비스를 도입하면서 포장이사를 다 마치고도 회사나 집으로 돌아가지 못하고, 바로 이어서 서비스를 요청한 집을 찾아서 방문한 다음, 다시 운반에 종사하지 않으면 안 된다(끝나고 또 한 곳 들러야 하다니……).

저녁때가 되어 도로는 혼잡하고 짜증이 치솟는다. 도착해보니 손님은 미안한 기색도 없이 당연하다는 듯 무거운 가구를 이리저리 옮기라고 지시한다. 애초에 무거우니까 배치해달라는 의뢰가 들어온 것이다. 이 단계에 접어들면 직원도 완전히 열받아서 손님과 말다툼을 하는 일이 벌어지고 만다. 게다가 밤에 이동하느라 초조해진 나머지 속도위반으로 적발되는 일도 있었다고 한다. 독자적인 서비스로 노동자의 부담을 늘리고 싶으면 대우도 배려해야만 하는데, 그 중요한 문제를 깜빡 잊어버리게 만드는 게 오모테나시라는 위험한 슬로건이다(아트에서는 그 뒤로 종업원의 처우를 개선해 문제를 없애려고 노력했고, 해당 서비스의 홍보를 줄이면서 아직도 서비스 자체는 이어가고 있다고 한다).

● 변기에 손을 쑤셔 넣은 승무원

객실 승무원들의 노동문제는 뿌리가 깊다. 이 또한 일본항공회사만의 독특한 문제이지만, 외부로부터 단절된 객실에서 '손님'은 승무원이 제지할 수 없는 폭군이다. 성추행도 일상다반사고 별다른 이유도 없이 격분하여 물이나 음료수를 내던진다. 그래도 객실 승무원은 참을 수밖에 없다. 승무원이 항의나 주의를 주어서는 안 되며, '손님이 기분 좋게 다시 찾아오도록'이라는 대의명분 아래 노동자의 인권이 유린되고 있다. 그런 객실 승무원의 입장을 단적으로 보여주는 에피소드가 있다.

1994년에 간사이 공항 기자 라운지에 있던 필자에게 알고 지내던 일본항공의 사원이 "우리도 결국 이런 짓까지 하는 지경으로 떨어졌어요" 하고 한탄하기 시작했다.

나리타에서 뉴욕까지 향하는 비행기 일등석에 대기업 사장 부부가 탑승하고 있었다. 객실 승무원은 부부를 대접하는 데 신경을 곤두세우고 있었다. 그러다 사고가 터졌다. 사장이 안경을 화장실 변기에 떨어뜨렸는데 안경이 그대로 오물 탱크 속으로 들어가버리고 말았다. 하필이면 그 안경은 사장의 시력에 맞춘 특별주문 렌즈였기 때문에 일반 안경점에서 바로 맞추지 못하는 상황이었다.

그러자 객실 승무원 한 명이 오물 탱크에 손을 쑤셔 넣고 안경을 회수했다. 사장은 일본항공의 임원에게 감사의 뜻을 표했고, 기뻐한 임원진은 사보에 그녀의 얼굴 사진을 실어 '모두 보고 배워라' 하고 칭찬했다고 한다.

그러나 이를 미담으로 생각해서는 절대 안 된다. 여객기 오물처리 시스템은 모든 사람이 오물에 직접 노출되는 것을 막기 위해 만들었다. 여기에 손을 쑤셔 넣는 일은 노동계약상 있어서는 안 되며 건강의 문제가 생길 염려도 있다. 외국의 경우였다면 비록 강요하지 않았다 하더라도 말리지 않고 옆에서 방관했다는 사실만으로 사장 부부는 비난을 받았을 것이다. 유럽에서는 특히 이런 종류의 인권침해에 민감하다. 하지만 일본의 직장에서는 어디든 간에 이런 종류의 일을 미담으로 치부하는 마인드가 있는 듯하다.

여담이지만 그 당시 여객기용 화장실 변기는 소독액을 섞어 얌전히 흘려보내는 순환식었는데, 현재는 기압식으로 한 번에 먼 탱크까지 한꺼번에 빨아들이는 진공식으로 변했다. 그래서 요즘에 이런 '미담'은 아예 불가능하다.

2012년, 새롭게 런칭한 항공회사 스카이마크는 접객에 관련해 "과도한 서비스를 제공하지 않습니다"라는 발표를 내놓았다. 객실 승무원의 본분은 승객의 안전 보호다. 승무원은 손님의 짐을 올려주고 내려주는 서비스 요원이 아니다, 과도한 미소나 존댓말을 기대하지 않았으면 좋겠다 등 승무원에 대한 지침을 세웠다. 스카이마크는 경영부진에 빠졌으나 승무원의 처우가 세계 표준인 점은 자랑할 부분이다.

●   여관 잠입 방송

"억지스러운 요구 조건이라도 손님이 해달라는 대로 다 들어주는 여관이 좋은 여관이다"라는 말도 안 되는 주장을 하는 방송 프로그램이 있었다. 2000년경 방송된 전국구 민영방송의 특집 프로그램으로 제작진이 일반 손님인 척하고 여관에 숙박해 방에 카메라를 숨겨서 설치하고, 여관 종업원에게 '메뉴에 없는 과일을 먹고 싶다', '일본 전통식 방에서는 잠이 안 오니 방을 서양식 방으로 바꿔달라', '몸 상태가 안 좋다', '특정한 약이 필요하다' 같은 말도 안 되는 요구를 하는 것이다.

방송된 여관은 모든 요구에 응한 여관뿐으로 마지막으로 "실은 텔레비전 방송국 취재였습니다"라고 밝히고 "정말 열심히 노력하더군요" 하고 마치 귀족이 하인에게 말하듯 칭찬한다. 그러면 여관 여주인이 눈물을 흘린다는 감동(?) 스토리로 꾸민 방송이었다.

한마디로 말해, 서비스업 관계자에게 민폐도 이런 민폐가 없는 방송이 아닌가 하고 느꼈다. 숙박 계약에는 없는 무리한 요구는 거부하는 게 당연한데도 단호하게 거절한 여관에 대해 제작진은 '이런 불친절한 여관은 장사꾼 실격이다' 하며 촬영이 죄다 쓸모없어진 화풀이로 난동을 부리고 돌아갔다고 한다. 손님인 척해도 일단은 손님이니 여관 측은 항변 한마디 못한다.

무리한 요구에 응한 종업원이 한밤중에 물건을 사러 나가야만 하는 등 여주인을 포함해 모든 여관 직원이 장시간 우왕좌왕 휘둘리게 만드는 방송이었다. 초과노동이 당연시 여겨졌다. 방송국의 오만함은 말할 것도 없고, 제작 의도에 일본 특유의 '오모테나시' 이념이 있다는 점도 부정할 수 없는 사실이다.

이 방송 후에 심각한 폐해가 일어났다. 방송을 흉내 내서 제멋대로 떼를 쓰는 손님이 늘어났는데 여관 쪽은 혹시나 카메라가 있을까 봐 겁나서 안 된다는 말을 못한다. 이러한 사례가 급증했다.

"텔레비전이랑 다르게 요청을 안 들어주네? 거짓말했으니까 숙박비 반을 토해라!"하고 고함치고 소란을 피우는 중년여성 집단을 필자는 한 여관에서 목격한 적이 있다. 그다음 차례로 계산하게 된 내가 농담으로 "저도 환불을……"하고 말해보았는데, 소박한 여관 주인의 당장이라도 울음을 터트릴 것 같은 표정이 잊히지 않는다.

여관업계에서 항의의 목소리가 분출해서인지 방송은 몇 회만에 '짤리기'는 했으나, 노동행정을 관리하는 후생노동성과 민간방송을 관리하는 총무성의 행정이 제대로 되었으면 첫 회에서 방송의 위법성을 알아차렸어야 한다.

'오모테나시'는 친절함과 비굴함의 동전 양면 관계다. 노동자의 권리주장을 좀 줄이고, 고객이 시키는 대로 얌전히 따르는 것을 미덕으로 삼는 가치관 아래에서는 노동자가 법률에 따라 정당한 요구를 하는 것조차 불가능해지고 위법한 노동조건을 묵묵히 따르기를 강요당하고 만다.

● **손님에 대한 집착이 낳은 부조리**

문제의 방송은 없어졌지만, 종업원을 몰래 촬영하거나 정체를 숨기고 조사를 하는 가게가 늘어난 사실을 알고 있는가.

종업원은 누군가가 자기를 감시하고 있다는 공포를 느끼며 가게를 항상 반짝반짝하게 만들려고 밤늦게까지 청소하고, 손님이 불쾌하다는 행동을 취하면 무릎 꿇고 머리를 조아리며 빈다. 24시간 내내 노동자가 무리하지 않으면 안 되는 구조를 만들어버리고 만 것이다.

　　필자는 어느 인재기업으로부터 쇼핑센터 간부의 감시업무를 제안받은 일이 있었다. 판매장 책임자를 아침부터 밤까지(점심식사 시간을 포함해서) 밀착 감시하여 서비스를 제대로 하는가를 채점하는 일이었다. 처음으로 만나는 파견노동자에게 자기 회사 베테랑 사원의 평가를 맡기고 마는 '어긋나고 뒤틀린 가치관'이다. 서비스 경쟁이 주는 압력으로 정상적인 판단이 불가능해진 것이 아닐까?

　　서비스 비즈니스를 하는 기업이 오모테나시에 매달리는 이유는 과도하게 늘어난 가게로 인해 경쟁이 심해지고, 경쟁이 심해진 탓에 장시간 영업을 하게 되고, 장시간 영업을 하느라 생산성이 낮아지고 이윤이 오르지 않아서일 것이다. 그만큼 종업원의 노동을 더 요구해 이익을 얻으려고 하지만 노동자를 장시간 채찍질하며 대접하라고 시키면 이익이 오를 것이라 생각하는 것 자체가 과연 '경영'이라고 부를 수준이 되는 것일까? 유럽 선진국에서는 상점이나 공장의 영업시간이 일본에 비해 상당히 짧아 노동시간이 짧다고 알려져 있다. 한편, 구입 총액은 일본과 별로 차이가 나지 않아 시간당 판매액은 일본보다 높고 생산성도 높다.

과도한 경쟁을 멈추고 생산성을 높이는 것은 경영자의 마인드에 따라 달려 있다. 여관에서 나오는 식사는 반찬의 종류가 다양하고 양도 푸짐해서 한 사람이 다 못 먹을 만큼 나온다. 하지만 최근에는 사람들이 다이어트에 관심이 많아서 외식을 할 때는 탄수화물을 적게 먹는 등 점점 음식을 적게 먹는 사람이 늘어난 상태다.

도쿄에 여러 지점을 내고 있는 인기 초밥집 미도리가 고민하는 문제는 근래에 여성 고객이 보이는 행동 패턴과 관계가 있다. 초밥 세트를 시켜놓고 막상 먹을 때는 밥은 남기고 위에 얹은 재료만 먹는 사람이 늘어나고 있다. 눈 뜨고 보기 힘든 이 광경을 괴로워한 점원이 "그렇게 밥 부분이 마음에 안 드시면 회도 메뉴에 있습니다만……" 하고 말하자 "신경 쓰지 마세요. 저희는 상관없으니까요"라는 전혀 개의치 않아 하는 대답이 돌아왔다고 한다. 음식물을 함부로 남겨놓고 산뜻한 대답을 내놓으면 점원 입장에서는 곤란한 일이지만 어쨌든 간에 지금은 이게 현대의 트렌드다. 그런데도 초밥 가게는 트렌드를 아예 무시해버리고 산더미처럼 요리를 만든 끝에 결국 남은 음식을 버린다. 정말 어리석은 자의 광기가 아닐 수 없다. 오모테나시는 세계가 평가하는 또 다른 일본문화 못타나이 캠페인*과는 완전히 극과

극에 있는 부조리하고 어리석은 관습에 불과하다고밖에 달리 할 말이 없다.

　NHK 〈클로즈업 현대+〉에 의하면 편의점 점장은 365일 거의 쉬는 날 없이 일하고, 주 3회 밤샘 야근을 하는데도 연봉이 290만 엔이다.[■] 가게 수입은 연간 4,000만 엔이지만 본부에 로열티로 1,800만 엔, 아르바이트 인건비로 1,000만 엔, 식품 폐기처리 손해분으로 무려 700만 엔이 나간다고 한다. 여행이 1박 이상으로 걸리는 곳은 가본 적도 없다. 영업부진으로 계약이 끊겨 폐업하는 가게가 전체 약 30% 이상이다. 특히 일반 회사에 다니다가 명예퇴직해서 얻은 퇴직금과 적금을 모두 들이부어 마련했지만, 오래 유지하지 못하고 몇 년 안 가 폐업하는 패턴이 많다고 한다. 그리고 많은 점장들이 자살하는 현상도 다루고 있었다.

　2016년 말에 대형 레스토랑 프랜차이즈인 로얄 호스트와 스카이라크는 24시간 영업을 그만두고 정기휴일을 신설하는 방안을 검토하고 있다고 발표했다. 이용자에게 있어서는 서비스가 저하되었다고 할 수도 있으나, 사회는 냉정하게 받아들였다. 모두가 이미 깨닫고 있었기 때문이다. 24시간 항상 번쩍번쩍 불

---

* 일본어로 '못타이나이(勿体ない)'란 아깝다, 과분하다라는 뜻이 있다. 쓰레기를 줄이고, 지속 가능한 순환사회 및 라이프 스타일 캠페인이다.
■ 2016년 11월 17일 방영.

을 밝히고 있는 레스토랑이 있고, 항상 미소를 잃지 않는 점원이 있는 상황이 부자연스럽기 그지없다는 사실을…….

기업 쪽의 목적은 종업원이 일하는 환경을 개선하는 데 있다고 한다. 노동환경 개선을 생각한 결단이지만, 한편으로 인력부족으로 교대근무가 제대로 돌아가지 않아서가 이유인지도 모른다. 하지만 이런 시도가 도끼눈을 뜨고 오모테나시에만 매진하고 있는 많은 기업에게 좋은 모범 사례가 돼주기를 바란다.

8장

교육도 못 받고 매뉴얼도 없고

● 　　　　　　　　　이름 대신 번호로 불리다

2015년 8월, 도쿄 이케부쿠로 역에 있는 백화점에 입점한 유명 잡화점 록시땅이 단골손님을 대상으로 한 행사를 열었다.

행사에 손님이 몰려들 것이라 예상해 인재기업으로부터 필자를 포함한 남녀 노동자 16명을 안내로 파견받았다. 우리는 새벽에 집합했지만 정작 인재기업 사원이 오지 않아 백화점 후문 출입구 옆에서 기다려야만 했다. 비정규직 사원은 신분증을 가지고 있어도 출입증을 발급받지 못하는 때가 많다. 배송트럭이 끊임없이 오고 가며 뿜어내는 매연과 레이저빔처럼 빌딩 사이를 뚫고 들어와 살을 태우는 직사광선을 참는다.

영업 시작 전 백야드에서 조례를 했다. 대부분의 가게 백야드에는 에어컨이 없기에 공기는 꿉꿉하고 곰팡이 냄새가 나는 데다가 벽이나 바닥도 지저분하다.

명부에는 미리 번호가 매겨져 있었고, 우리는 이름 대신 커다란 번호가 새겨진 명찰을 받았다.

"오늘 여러분은 이름 대신 이 숫자로 불리게 됩니다."

이게 현대의 일용직 현장에서는 빈번히 있는 일이다. 어설프게 외운 이름으로 불리며 우왕좌왕하는 것보다 번호로 부르는 편이 확실하고 합리적이기 때문이란다. 한때 일본 공장에서 산업용 로봇에게도 '하나코 씨'나 '가즈오 씨' 같은 이름을 붙이는 게 유행이었는데도 말이다.

현관이나 계단, 판매장 각 구역에 배치받아 손님들의 동선 정리를 해야 했다. 여기까지는 평화로웠다. 문제는 생각지도 못한 곳에서 터져나왔다.

● 여기가 어디인지 알고 까불어!

갑자기 백화점 완장을 찬 남성 집단이 나타나더니 우리에게 성난 파도처럼 다가왔다. 모두 남색 양복에 넥타이를 맸다. 필자는 얼굴이 시뻘겋게 화가 난 젊은 사원에게 어깨를 붙잡힌 채로 제지당했다.

"당장 재킷을 입어주십시오."

"안 가지고 왔는데요."

"뭐? 여기가 어디인지 알고 까불어!"

"죄송합니다. 사전에 지시받은 사항으로는 캐주얼 복장이라고 해서……."

16명 전원이 재킷을 안 가지고 왔다. 백화점 사원은 분기충천하여 참을 수 없다는 표정으로 우리를 노려본다. 누군가가 우리 복장으로 백화점 사무소에 클레임을 건 모양이다.

그 뒤 그들은 일정표를 무시하고 우리들을 마음대로 배치하기 시작했다. 그 자리에서 아무렇게나, 다른 곳과 연락이나 연계도 없이, 당구공처럼 여기로 불려가고 저리로 불려갔다. 그러자 계단 한 곳에 몰리지를 않나, 어슬렁어슬렁거리다 다른 가게 디스플레이와 부딪쳐 넘어뜨리지를 않나 혼란이 이어졌다. 그 사이에도 백화점 사원으로부터 끈질기게 주의가 반복됐다. '스태프끼리 얘기해서는 안 된다', '두 손은 항상 몸 앞에 공손히 맞잡고 있어라', '인사할 때는 두 손을 모으고 허리를 60도 숙여라', '손님 전원에게 말을 걸어라', '손님이 지나가면 안 보일 때까지 눈을 떼지 마라', '판매장이 어디인지 물어보시면 모릅니다 같은 말을 하지 마라', '앉지 마라', '벽에 기대지 마라', '뛰지 마라', '쓸데없이 소리 내지 마라' 등등.

하지만 매뉴얼도 없이 규칙을 지키라고 질타하는 것은 체조를 본 적도 없는 아이에게 "왜 이런 간단한 동작도 못하는 거냐!" 하고 질타하는 것이나 다름없다. 혼날 때마다 열심히 메모하고 노력하는 중년 여성도 있었지만 그녀의 갸륵한 노력도 한순간에 물거품이 되었다.

오후 이른 시간에 노동자 16명 중 20대 4명을 뺀 12명의 중장년만 번호로 불려나왔다.

"여러분은 모두 판매장에 두지 못하겠으니, 모두 뒷문으로 나가주십시오."

● **한여름 뙤약볕 아래로 내쫓기다**

문제를 일으킨 것도 아니고, 지시받은 대로 일하기만 했는데도 노동계약도 무시하고 쫓아낸다. 잡화점 쪽은 백화점의 지시라고만 말하며, 부족한 일손은 다른 점포에서 긴급소집을 요청하겠다고만 했다. 백화점 직원들은 괜히 한나절을 뛰어다니고 고함을 질러댔다. 헛수고만 하고 또 한 셈이다. 우리가 밖으로 쫓겨난 시간은 13시 반, 이글거리는 한여름 태양 뙤약볕 아래 갑자기 할 일이 사라져버렸다.

처음 출근한 비정규직 사원에게도 옷차림이나 예의 규칙을 요구할 생각이 있으면 제대로 된 지도가 선행돼야 하지 않은 가? 다른 전문점 점원들 중에도 서 있는 자세와 행동이 느슨하고 똑바로 안 된 사람이 많았지만, 백화점 직원은 그들에게 주의를 주지 않았다.

능력 부족이 원인도 아니다. 쫓겨난 사람 모두가 한때는 정규직으로 일했으나 결혼이나 친지의 간병, 혹은 근무하던 회사의 도산 등 각자 어쩔 수 없는 사정으로 비정규직이 된 사람들이었다. 노동자에게 격차를 나누고 차별하는 일은 아무 의미도 없다. 제도에 의해 정규직과 비정규직이 나뉜 뒤부터 교육과 육성이 정규직에게만 집중하는 식으로 변해버렸다. 육성 기회를 빼앗긴 비정규직은 성과를 올릴 방도가 없고, 현장 사원들에게도 비정규직을 육성하고자 하는 의지가 아예 없다.

● **간병 전문가에 대한 환상**

'일용직을 포함한 비정규직을 교육하는 것은 기업에게 있어 효율이 너무 안 좋지 않느냐' 같은 지적은 가능할 것이다. 하지만 육성을 우습게 보는 풍조가 여기저기에서 자주 보인다.

간병업계는 기존 방식의 개선 없이 고용의 유연화 방식이 급격히 확대되었다. 그 결과 인사제도가 모호한 채로 외부인을 너무 많이 받아들인 탓에 기껏 전문교육을 받은 청년들을 실망시키고 있다. 직업전문교육을 받았는데 직장에서 자격이나 기능을 충분히 발휘하지 못하게 만들고 있는 것이다.

안정적인 삶을 바라는 청년들 사이에서는 공무원이나 정규직 교직원, 경찰관 등의 연장선으로 '간병복지사*' 자격을 따는 사람이 늘고 있다. 그들이 자격증을 취득하려는 이유는 사기업의 영업이나 서비스직은 현장에서 과다한 노동으로 혹사당하지는 않을까 경계하는 한편, 공적 성격이 강한 간병업계라면 무리를 하지 않을 것이라고 기대하기 때문이다.

간병복지사는 간병업무 가운데 유일한 국가자격제도다. 1987년 신설되었고 이들이 하는 일은 간병 전반을 관리하는 것과 간병 지도다. 2016년까지 전문대 등 양성시설을 거쳐 간병복지사 등록을 마친 사람은 약 33만 명이다. 한편 양성시설에서 간병을 배우지 않았지만 국가시험 자격을 얻어 취직하려는 목표로 합격한 사람은 116만 명에 달한다. 수험자격 조건은 실무경험 3년 이상, 혹은 종사 일수 540일 이상이 요구되었으나, 2017년부터 6개월 이상(450시간)의 실무자 연수도 의무적으로 받아야 해서 기준이 올라갔다. '할 거 없으니 이거나 해볼까' 하

---

* 일본에서 사회복지 및 간병복지사법을 근거로 민간에서 임의로 사용할 수 없는 독점 명칭을 가진 국가자격이다.

는 안이한 생각으로 따기는 어려워 보인다.

후생노동성에 따르면 2012년경까지는 전체 합격자의 약 80%가 여성이었고, 연령별로는 40대가 제일 많고 20대가 약 25% 정도였다. 그런데 2016년에 도쿄 시험장에서 통계를 내보니 전체의 약 30%가 남성, 약 40%가 청년들이었다. 수험생이 착실하게 늘어가고 있었다(다만 2017년은 수험 조건이 바뀌어 급격히 줄었다).

자격증 취득을 희망하는 사람은 정부가 반드시 개선하겠다고 약속한 분야가 보육과 간병이라 기대하고 있다. 자주 보도되는 3D 업종 같은 고정관념에 머물러 있지도 않고 애초에 장래성이 있다고 믿고 있으니까 시험을 보러 온 것이리라. 임금은 최근 조금씩 오르고 있다. 도쿄에서는 2015년 전반까지 시급 1,000엔인 곳이 많았으나, 1년 뒤인 2016년 봄에는 1,200~1,300엔이 되었다.

필자가 자격시험장에서 취재한 청년들 대부분은 이 업계의 비전을 상당히 긍정적으로 평가하고 있었다. 간병복지사 자격증을 따면 관리직에 들어갈 수 있고 더 열심히 하면 시설장이나 이사장도 될 수 있을 것이라는 기대가 있다. 또한 장단기숙박이나 방문간병 같은 다양한 사업소가 있으니, 그때그때 자기 라이프스타일과 맞춰서 일하는 방법도 바꿀 수 있다고 여긴다. 그리고 자격증만 따면 취직이나 이직도 다른 업종보다 자유로이 가능할 것 같다고 생각한다.

● ### 문외한 직원이 입사하는 악순환

그러나 자격증을 따고 간병업계에 들어가 1~2년 사이에 그만
둬버리는 청년들이 끊임없이 생겨나고 있다. 간병과는 전혀 관
계없는 업종으로 이직하는 경우가 많고 대부분이 간병업으로
는 돌아오지 않는다고 한다. 실은 간병 자격증을 가지고 현장에
서 일한 경험이 있는 청년들의 경우, 일반 기업의 신뢰도가 높
아 이직이 쉽다. 아이러니하게도 면접에서는 직장의 안전이나
사원의 건강 유지에 도움을 준다는 장점으로, 이직시장에서 간
병복지사에 거는 기대치가 상당히 높다. 이런 이유로 간병업계
로 돌아오지 않는 사람이 많다.

간병 현장은 문제가 많다. 뉴스에서 자주 보도되는 것처럼
간병복지사가 입소자에게 폭언을 퍼붓거나 학대하는 일이 일
어날 것 같지만 그보다는 입소자가 간병복지사에게 가하는 폭
언이나 폭력 쪽이 오히려 훨씬 많다고 한다. 간병복지사가 치매
입소자에게 도둑 취급당하거나, 날뛰는 입소자를 제어하려고
하다가 골절하는 사고도 자주 일어난다.

그렇게 심신에 모두 부담이 가는 간병복지사의 자존심을 상처 입히는 것이 아무것도 모르는 문외한 파견의 존재다. 필요한 간병복지사의 수는 지역에 따라 편중이 있다. 도쿄의 경우, 마치다시나 하치오지시 등 서부 교외의 '잠만 자는' 주택지에는 40대 이상 전업주부 '사모님'이 많아서 따로 간병할 사람이 필요 없다. 이에 반해, 동부의 기타구나 아다치구 등의 구시가지나 상공업지역에서는 젊은 사람이 비교적 적어서 간병할 사람이 부족하다. 그래서 인재파견 기업이 간병복지사가 필요한 지역에 사무소를 열어 간병사업에 진출했다.

인재기업이 파견하는 사원은 대부분이 자격증도 없는 간병 문외한이다. 구직 이메일의 취업 설명에서는 '입욕 보조, 배설, 식사……' 등 모든 간병 업무를 열거하고 있다. 문외한이 갑자기 하기에는 위험해 보이지만 '경험이 없어도 바로 취직 및 근무 가능'하다고 쓰여 있다. 필자는 다수의 인재기업으로부터 "내일부터 바로 근무를 해보시지 않겠습니까?" 하고 몇 번이고 권유를 받았다. 조건을 더 자세히 들어보니 매일매일 밤늦게까지 야근을 해야 하고, 직원 한 명과 단둘이서 노인 30명의 시중을 들어야 한다고 한다. 노동자 파견제도의 취지는 본래 수준 높은 전문기술자를 필요에 따라 단기파견시킨다는 것이었다. 그런데 '초보자 환영', '장기 고정근무'라니, 제도를 창설할 때 품은 근본적인 목적에서 벗어나 있을 뿐만이 아니라 자격을 딴 사람에게 상당히 실례를 저지르는 짓이 된다.

시설의 관리자는 파견노동자가 실수할지 몰라 걱정되어 곤란한 일은 간병 전문가에게 밀어붙인다고 한다. 문외한 파견직이 와서 간병복지사가 실망하며 일을 그만두고, 이로 인해 인력 부족이 되어 더욱 더 파견직이 늘어나 간병복지사가 실망하고⋯⋯. 이럴 위험은 없는 것일까?

애초에 간병복지사가 한 명도 없는 인재기업이 어째서 이 간병업계 세계에 간단하게 진출할 수 있는 것일까? 배경에는 문제 일으키기를 두려워하는 시설 관리자의 사정이 숨어 있다.

●   **손해는 급료에서 깐다**

직원과 입소자, 혹은 직원 간에 문제가 터졌을 경우에 자칫 사건으로 발전할 수도 있으나 파견직이라면 금방 해고할 수 있으니 문제를 뒤탈 없이 끊어낼 수 있다. 흔히 관리자급의 직원을 새로 구하는 것은 보통 어려운 게 아니지만, 인재기업에 부탁하면 전화 한 통으로 다른 사람을 파견해준다. 이 외에도 파견직을 선택하는 이유가 하나 더 있다. 아래는 인재기업과 파견노동자(필자) 사이의 대화다.

"간병 업무는 누가 가르쳐주나요?"

"시설에서 누가 가르쳐주겠죠."

"노동자 육성은 파견회사 책임 아닙니까?"

"저희 쪽도 경험이 없는데 어떻게 가르쳐주겠습니까?(웃음)"

"혹시 사고라도 나면 어떻게 됩니까?"

"급여에서 '까서' 보상할 겁니다. 시설에도 미리 그렇게 약속했고."

문외한인 것을 뻔히 알면서 시설에 보내고, 제대로 일할 수 있는지 확인도 안 하고, 시설에 손해를 끼치면 급여에서 까서 보상……. 시설 책임자로서는 직접 고용한 사원에게 변상을 요구하기 어렵다. 하지만 파견직이라면 인재기업이 손해가 난 만큼 메꿔준다. 안성맞춤인지도 모른다. 하지만 문제는 우선적으로 노동자 육성이 모호한 부분은 무책임해서 문제고, 또한 손해가 난 금액을 급여에서 까는 것은 훌륭한 위법행위다.

간병업계 시장은 확대되고 있는데, 시설의 파산 및 폐쇄는 2015년부터 2016년에 걸쳐 연이어 일어나고 있다. 시설이 파견직에 의존하면 직접 고용할 때보다 오히려 인건비가 늘어난다. 인재기업에 파견직 임금과 함께 수수료도 지급해야 하기 때문이다. 그렇게 늘어난 인건비의 비중이 파산의 원인 중 하나로 여겨지고 있다. 파견 경비에 압박을 받아 전속사원의 급여 상승이 지연되어버렸다는 이야기도 종종 듣는다. 간병 전문가가 저임금에 실망해 그만두는 일이 벌어진다. 주객전도다.

실은 정부도 이 문제에 위기감을 안고 있어 2017년부터 간병 자격증 취득자가 장래에 희망을 가질 수 있도록 그들을 평가하고 승진, 급여 인상 등을 확실하게 보장하는 투명한 인사 행정을 보이는 시설에게 보조금을 가산하는 제도를 시작했다. 이처럼 업계를 건전하게 바꾸는 데 공헌하는 시설은 드문 편인 만큼 정부의 이러한 용기 있는 결단을 높게 평가하고 싶다.

●   비정규직은 커리어를 쌓지 못한다

일본은 다른 국가들에 비해 사회 진출 뒤에 받는 교육이 적다는 지적을 자주 받는다. 정규직이라면 기업 내 연수가 있어서 그나마 나은데, 비정규직에게는 기회가 없다. 인재기업이 비정규직 가운데 파견근로자의 기능이나 경력 향상을 위한 활동을 꼭 진행하겠다고 정부와 약속했지만 실제로는 거의 실행된 바가 없다. 후생노동성의 조사에 의하면 노동자의 육성 지도를 실제로 행하고 있는 인재기업은 약 10%에 불과하다. 약 70%는 '필요에 따라 차차 실행해나가겠다'라는 대답이었다. 이 말은 '우리가 필요하지 않다고 판단하면 실행하지 않겠습니다'라는 뜻으

로도 들렸다.

　애초에 정규직 사원의 경력을 쌓는 것이란 컴퓨터 능력 같은 눈에 보이는 능력만이 아닐 것이다. 조직을 원활하게 움직이는 존재감이나 모두를 납득시키는 지식량과 화술, 상황의 분위기를 적절하게 바꾸는 마음 씀씀이, 그 기업에 맞는 독창적인 발상 등 눈에 보이지 않는 요소가 상당히 많다. 파견된 외부자에게 그런 부분은 알래야 알 수 없으니까, 파견노동자의 육성 교육과 정규직의 경력과는 차원이 다른 이야기다.

　인재기업의 '지도'란 일반적으로는 교육 프로그램을 설치한 컴퓨터로 노동자에게 자습을 시키는 것이다. 강사가 기능강습을 하는 경우도 있지만 컬처 센터*와 마찬가지로 유료 강의다. 육성 책임을 져야 하는 기업이 자사 사원에게 "강습료 12만 엔을 급여에서 깝니다" 하고 알린다. 강습료가 싼 편도 아니다. 지게차 초보자 강습은 5만 엔, 무역실무 초급은 3만 엔, 엑셀 상급까지 모두 배우는 데에는 12만 엔, 토익 시험 대비 수업은 1만 2,000엔이다.

　인재기업에게 있어 노동자의 육성은 지도를 맡은 인원의 확보나 교육비 등의 부담이 큰 것도 사실이지만, 노동자의 육성

* 사회인을 위한 민간 교양강좌로, 사회교육의 기회를 제공한다. 일본에서는 컬처 스쿨, 문화교실 등으로도 불린다. 우리나라의 '주민센터(동사무소) 문화강좌'나 '대학 평생교육원'과 비슷한 어감이다.

이 인재기업의 또 다른 수입원이 되어버린 점 또한 부정할 수 없다. 하지만 어떤 교육도 받지 않으면 비정규직은 아무리 시간이 지나도 단순노동에 머무르는 수밖에 없는 한계점도 있다.

정사원은 테크닉도 처세술도 포함해 기업 안에서 인격적으로 대우받으며 경력 향상이 가능하지만, 비정규직은 교육을 받았다고 하더라도 제한적인 지식, 잔재주나 다름없는 기술에 머무를 가능성이 높다. 결국 노동자에게 학습 의욕을 불러일으키는 조건은 근무의 지속성이 아니겠는가? 하지만 앞으로의 희망이 있는 지속성이 아니면 소용없다. 기간 한정으로 일손이 비는 단순노동에 아무렇게나 끼워 맞춰지고 있는 비정규직에게는 희망이 없다. 인류의 진보를 부정하는 노예제로 회귀한 것이나 다름없지 않은가?

비정규직 자신도 약자의 입장에 서 있다고 자각하고 도를 넘지 않도록 자중하고 있다. 특히 고령자일수록 자기 생각을 억제하고 나대지 않도록 자제하는 게 당연해지고 말았다. 비정규직 현장에서는 '내공', '왕년의 직위', '작은 일 하나에도 선배한테 배울 점이 있다' 같은 말은 통하지 않는다. 예를 들면 다음과 같은 사례가 있다.

요코하마시에 있는 거대국제회의장 파시피코 요코하마에는 학회나 전시회 등 행사를 위한 부스나 천막 설치업무로 200명의 노동자가 모인다. 행사 주최회사의 현장감독이 지시하러 오지만 항상 부스 설치업무의 프로가 오느냐 하면 꼭 그렇지는 않다. 신입사원이 혼자 올 때도 있다. 이럴 때는 휴대폰으로 선배 사원에게 지시를 받으며 일하기 때문에 능률이 좋지 않다.

그런 현장에서 어째서인지 청년들 틈에 섞여서 뽑혀 나오고만 2명의 중장년이 있었다. 60세인 필자와 그리고 나머지 한 명은 65세 남성으로 얼마 전까지 육상자위대 사무관*이었다(자위대에서는 정년퇴직하더라도 재고용으로 65세까지 일할 수 있다). 오랫동안 병참수송 및 물류관리를 담당해온 베테랑이다. 물자운송계획에서 기지 설치를 담당했기에 행사 관리는 식은 죽 먹기다.

눈앞의 현장감독은 경험이 적어서 배치도를 보고 고개만 갸웃거리고 있었고 당황한 기색이 역력했다. 완료 예정시간을 대폭 지연시켰는데도 어물거려서 맥 빠지고 짜증 나게 만든다. 그래도 "초과근무 수당이 붙으니까, 그냥 참자" 하고 쓴웃음을 짓고 있었는데, 시간이 흘러 자정을 넘겨 귀가도 어려운 밤이 됐

---

* 자위대의 총무, 회계, 인사 등 일반적인 관공서/기업과 마찬가지의 사무업무를 담당한다.

교육도 못 받고 매뉴얼도 없고

다. 전 육상자위대 사무관 아저씨에게 현장감독을 도와달라고 부탁했다. 아저씨는 차갑게 대답했다.

"그야 제가 가르쳐주는 편이 훨씬 빨리 끝나기는 하겠죠. 봐요, 바닥에 먼지도 깨끗하게 안 치우고 벌써 의자부터 깔지를 않나. 뭘 어쩌려고 이런 식으로 일을 하나 몰라요. 날 밝고 환한 데서 주최자가 보면 난리나요. 첫 단추부터 잘못 끼우고 앉았으니 답답해서 못 볼 지경이죠. 이러다간 처음부터 다시 다 뒤집어엎고 다시 시작해야 하니까. 그치만요, 저는 절대 참견 안 합니다. 저쪽에서 뭐 하나 부탁하면 최소한도로 가르쳐주기는 하겠지만요. 세 치 혀가 사람 잡는 겁니다. 뭐요? 가서 같이 가르쳐주자고요? 가실 거면 혼자 가세요. 저는 그쪽이랑 아무 관계도 없으니까, 물귀신도 아니고."

물 마시는 곳도 비밀

고등학교 교직원 채용 면접은 8월 한여름에 교실을 빌려 이뤄진다. 아침 8시 이른 시간부터 수험생 전원이 집합한다. 운이 없는 수험생은 양복 차림으로 푹푹 찌는 교실에서 4시간 가까이 땀을 흘리며 대기해야 한다. 교실에 있는 사람은 아르바이트 감독원으로 전형 자체에는 관여하지 않는다.

하지만 그러한 설명을 전혀 안 해주기 때문에 수험생들은 심사위원이 감시하고 있다고 착각하고 계속 긴장한 채로 굳어 있었다. 화장을 고치기는커녕 물도 못 마시고 있어서, 그러다 열사병에 걸릴 위험도 있었다. 하지만 음료 자판기 위치는 수험생에게 가르쳐주지 않기로 되어 있었다. 자판기 장소를 알려주면 교육청의 비밀이 폭로(?)되기 때문에 안 된다고 직원이 엄하게 명령을 내렸다.

대부분 60세 전후인 감독원들은 심사위원에게 "수험생 생각도 좀 해야 되지 않겠습니까……" 하고 말을 걸었지만 그는 "매뉴얼에 적힌 대로만 하면 됩니다" 하고 전혀 들을 생각이 없었다.

장시간 책상에 붙박여 있던 수험생 중 하나가 몸 상태가 안 좋다고 알려왔다. 보다 못한 주임감독원이 침착하라고 말을 건냈다. 그러자 아까 그 남성 직원은 매뉴얼 위반이라고 난리를 쳤고 주임을 그 자리에서 추방하고 말았다. 그 광경을 본 보조감독원(전직 식품제조회사 부장)이 개탄하여 다음과 같은 말을 남겼다.

"결국 말이야. 쫓겨나기는 했지만, 그 아저씨가 맞지 않나 싶더라고. 수험생들 불쌍하게 저게 뭐 하는 짓이야, 우리 전부 다 똑같은 마음이었어. 그 아저씨가 '여기는 대기실이니까 전형위원은 없습니다. 억지로 참지 마시고 재킷을 벗으셔도 되고, 화장실 가셔서 화장 고치고 오셔도 됩니다. 물도 편하게 마시세요' 하고 말하는데 내 속이 다 시원하더라고. 수험생들도 아마다 한시름 놓았을걸?

그리고 말이야, 우리는 결국 '을'이잖아? '을'은 '쫄병'이지 뭐. 장군이 '돌격하라!' 하는데 쫄병이 말 안 들을 수 있어? 매뉴얼에 써 있는 거 이외에 다른 말은 하면 안 된다 그러니까, 할 수 없지 뭐……. 그 친구는 쫄병 주제에 주제넘은 짓을 했어. 사람은 참 좋은데 말이지."

그 뒤 도청에서 나온 직원은 보조감독원 5명에게 주임대행을 명했다. 주임이 되면 시급은 300엔 오른다.

하지만 보조감독원들은 의외의 반응을 보였다. '저는 말주변이 없어서', '저도 사투리가 심해서', '목감기가 걸려서' 하고 5명 전원이 적당히 이유를 둘러대고 거부한 것이다. 마치 서로 짜기라도 한 듯이 말이다. 이는 '개념 없는' 장군이라도 묵묵히 따르던 '군기가 바짝 든' 부하들이 보인 아주 작은 레지스탕스 활동이었다.

곤란해진 사람은 이제 전형과 직원 본인이다. 매뉴얼에는 교육청 직원이 수험생에게 직접 공지를 전파해도 좋다고는 적혀있지 않다. 수험생에게 불필요한 편향을 심어줄 가능성이 있기 때문에 공지 전파가 가능한 사람은 제삼자인 감독원뿐인 것이다.

그는 당황해서 아까 쫓아낸 주임을 다시 불렀다.

두 가지 사례가 극단적이라고 생각할지 모르나 보시는 바와 같이 이 정도로 정규직과 비정규직 사이에는 깊은 고랑이 파져 있다. '인간 대 인간인데 이렇게 생각하는 게 당연하잖아요?' 같은 상식이 그 고랑으로 모두 빠지고 마는 것이다.

　　그래서 정규직이 비정규직에게 무언가를 가르치는 일은, 혹은 그 반대도 불가능하다.

　　비정규직이 현장에 있다는 사실을 '할 수 없는 사태'로 보고 그들을 '외부 사람'이라고 네거티브하게 바라보는 기업이 너무 많지 않은가? '그들도 또한 자기들과 마찬가지의 노동자고, 새로운 관점을 제시할 수 있는 조력자다' 정도로 의식을 바꿔 바라보기만 해도 개선할 여지가 상당하다고 생각한다만……．

생활보호는 가난의 대물림을
막지 못한다

● 최저임금으로는 부족하다

2016년 10월, 각 지방자치단체가 지역 최저임금의 개정액을 모두 발표했다.* 생활보호 수준도 고려한다고는 했지만, 최저임금으로 얻는 수입이 생활보호비보다 적은 역전현상은 해소되지 않았다. 전국 평균은 전년도 대비 25엔 증가한 823엔으로, 4년 연속 증가 추세다. 각 지역의 최저임금을 살펴보면 도쿄는 932엔, 가나가와는 930엔, 같은 수도권이라도 지바는 842엔, 이바라키는 771엔이다. 지방으로 가면 미야자키, 오키나와가

---

* 일본 법령에 의해 최저임금 제도가 도입되었다. 최저임금 제도는 지역별 최저임금과 특정 최저임금으로 나뉜다. 지역별 최저임금은 전국 각 지역에 빠짐없이 적용돼야 하며, 산업이나 직종에 관계없이 모든 노동자와 사용자에게 적용되는 최저임금이다. 한편 특정 최저임금은 특정 지역 내의 특정한 산업에 대해 해당 지역 최저임금보다 더 높지 않으면 생활이 불가능한 경우 설정이 가능하다.

714엔으로 가장 낮다. 그 가운데 도쿄를 기준으로 최저임금과 생활보호를 비교해보자.

모든 국민이 건강하고 문화적 생활을 보장받을 수 있도록 만든 제도가 생활보호다. 도쿄에서 가장 혜택받는 지역에 살고 있다고 가정하자. 60대 부부 두 사람이 사는데 드는 비용을 계산하면 대략적 생활비 12만 엔에 주택부조 6만 엔을 더해 약 18만 엔이 매달 최저생활비가 된다. 연간으로 따지면 약 220만 엔이다.

여기에 생활보호 수급세대가 되면 의료비는 면제고 도민세나 개인사업세, 고정자산세, 도시계획세, 경자동차세, NHK 수신료가 감면된다. 국민연금보험 및 납부 면제, 상하수도 요금 감면, 쓰레기 종량제 봉투 무료지급, 도에서 운영하는 교통시설 무료탑승권 지급 등등 수많은 특례 혜택을 받아 생활비가 대폭 줄어든다. 두 사람분의 경비가 적게 잡아 달마다 3만 엔 감면된다고 하면(실제로는 더욱 많을 것이다) 연간 합계는 36만 엔이 되며, 이를 반영하면 실질적으로 필요한 연수입은 약 260만 엔이다. 일본 정부는 이 정도의 수입이 없으면, 최소한의 생활을 유지할 수 없다고 인식하고 있다.

하지만 현실적으로 실수령액 260만 엔을 버는 비정규직은 드물다. 일본노동조합총연합회은 2007년 '비정규직 노동센터'를 설립해 비정규직이 처한 상황을 조사했다. 이에 따르면 전체 노동자 3명 가운데 1명꼴인 비정규직 중에서 70%(약 1,400만 명)

가 연수입 200만 엔 미만이었다(정부통계보다 저소득자가 조금 많다). 가계를 책임지는 주요 소득자에 한해도 남성의 37%, 여성의 49%가 200만 엔 이하다.

위의 생활보호 급부액을 최저임금에 적용하면 어떻게 될까? 월 21만 엔에 노동시간 8시간 20일 근무로 잡아 160시간을 나누면 약 1,300엔이다. 도쿄라면 현행 최저임금 932엔보다 400엔 올려야 할 필요가 있다.

몇 년 전부터 '낙수효과'라는 경제용어가 자주 등장한다. 상류계급이 돈을 많이 벌면 샴페인처럼 부가 흘러넘쳐서 하층계급에게도 전달된다는 설이다만, 도대체 언제 흘러넘칠지 의문이다.

아예 하층계급부터 윤택하게 한다면 어떤가? 시급 1,300엔이라면 일급이 대략 2,800엔이나 오른다. 저임금 노동자는 오랫동안 강요된 절약을 해왔으니 늘어난 일당 덕분에 지출이 늘 것이다. 그럼 경제는 활발해지고 기업에 이익으로 환원되지 않을까?

● **저임금 노동자는 천만 명 이상**

후생노동성은 비정규직 가운데 특히 임금이나 대우가 안정되지 않는 파견노동자가 2014년에 126만 명으로 전체 노동자의 2% 밖에 안 된다고 발표했다. 그러나 실상은 전혀 다르다. 아주 일부에 불과한 비교적 상황이 좋은 경우인 장기계약 파견노동자만을 센 결과다. 매일 대량으로 쏟아져 들어오는 구직 이메일을 보면, 하루에서 한 달까지 해당하는 단기 구직안건이 평상시에도 만 건 이상 들어오고, 100~500명 정도를 동시에 모집하는 대량 모집도 많다. 모두 합해보면 전국에 단기 파견노동 구직은 대략 1,000만 명 이상 된다. 인재기업 퍼솔 템프스테프의 등록 노동자 수가 600만 명이다. 리쿠르트 스태핑 주식회사는 95만 명이다. 다른 대형 회사도 백만 단위라고 발표하고 있으니까, 정부가 발표한 총 인원 126만 명 역시 들어맞지 않는다.

2015년 4월 당시 민주당의 노동문제 스터디*에서 후생노동성의 파견노동을 소관하는 수급조절사업부의 과장은 "일용직 노동자를 산출해보니 2만 명이었습니다"라고 발언했다. 후생노동성은 일용직 노동자의 수를 항상 적게 견적을 내려고 하지만 물품 보충, 판매용 음식 패키징, 케이크 만들기와 같은 단순작업을 위해 한 번에 100명 단위로 고용하는 파견 현장이 잔뜩 있다. 전국적으로는 수만 명 수준이 아니다. 자릿수가 두 개는 더 붙는다.

---

* 직역하면 '공부회'로, 우리나라에서 일반적으로 '스터디'라 부르는 모임과 유사하다. 다만, 정치 정당 등에서 행하는 스터디의 경우, 정치적 파벌이 나뉘거나 특정한 정책을 지지하는 등 정치적 표현으로 간주되는 경우가 많다.

자격시험이 대학이나 기업에서 시행되면 평일에 보는 시험인데도 수많은 중장년이 감독원 업무를 희망하며 모인다. 모두 정직원이나 장기 아르바이트를 바라는데도 잡지 못한 사람들로, '혹시라도 결원이 나면 대신해서 근무를 할 수 있지 않을까' 기대하고 모인 것이다. 결원이 나기를 기대하며 일이 없는 노동자가 모여서 있다가, 결국 일자리를 못 얻고 쫓겨난다. 이 광경은 1980년대 경제개발을 하기 전 실업자로 가득하던 중국의 모습과 닮았다.

그 외에도 월요일부터 금요일까지 상근 근무를 하고는 있지만, 본업만으로는 생활비를 해결하지 못하고 주말에 몇 군데 파견노동을 하는 사람도 많다. '연합'에서는 어떠한 형태로든 파견노동에 종사하고 있는 사람의 숫자는 1,800만 명 이상이라고 추정하고 있으나, 실질적으로는 누구도 제대로 파악하지 못하고 있는 게 실상일 것이다. 인재기업과 후생노동성이 내놓는 '파견노동은 아주 극소수'라는 주장은 설득력이 없다.

일용직도 포함해 파견노동의 자유화를 추진한 것은 인재기업이고, 인정한 것은 후생노동성이다. 따라서 양자는 '일본의 파견노동자는 행복한 편이다'라고 계속 우기고 있는 것이다. 대형 인재기업 리쿠르트 잡스는 파견노동자의 평균 시급을 매달 발표하고 있는데, 집계된 업종은 통역이나 무역사무, IT 등 극히 일부분인 지속파견에만 한정되며 책정된 시급은 비교적 높은 1,600엔 전후다.

그렇다면 최저생활비보다 낮은 임금을 받고 있는 1,300만 명이 넘는 노동자는 어떻게 된 것일까? 매일 철야 근무를 하는데도 최저임금에 달하지 못하는 노동자는? 채용 답변에 기대를 품었지만 돈도 못 받고 쫓겨난 중장년은? 진정으로 '일하는 방식 개혁'을 시작하려면, 우선 인재기업과 후생노동성이 더 이상 눈을 돌리지 말고, 현실을 똑바로 보고 대응해야 한다. 그때부터 비로소 진정한 개혁의 첫 걸음을 뗀다고 할 수 있다.

● 정부와 민간기업의 구역 나눠먹기

2015년경부터 임금 상승 압력의 원인이 인력 부족이라는 보도가 이어졌다. 분명히 구인은 늘어났지만, 청년과 비정규직이 실제 채용되어 받는 임금은 여전히 최저임금으로 고정되어 변화가 없다. 이유로는 정부와 인재기업이 직업 소개에 있어서 '관과 민의 구역 나눠 먹기'라는 일본 특유의 구조가 관련이 있다.

공공시설에서 일하는 파견노동은 시급 907엔이다. 도쿄 최저임금에 딱 맞추고 있다. 주 4일 근무하면 건강보험, 후생연금 없이 실수령액은 10만 엔 정도다. 교통수당 한 달 상한선은

5,000엔인데 근로일수 17일로 나누면 하루에 294엔이다. 이를 왕복으로 계산하면 편도 147엔을 주는 꼴이다. JR 최저요금을 아슬아슬하게 내는 정도다. 실태에서 동떨어진 부적절한 교통 수당을 왜 헬로 워크는 문제 삼지 않는 것인가?

공공기관 건물의 유지 보수를 하청받은 회사의 시급도 도쿄 최저임금인 907엔이다. 물론 공공기관은 예산을 낭비해서는 안 된다. 그러나 동시에 공공기관을 위해 일하는 노동자의 생활도 배려해야 마땅하다고 생각한다. 그런 공공기관이 어째서 이 정도까지 임금을 깎는 것인가?

루트 배송* 계약을 한 운전사의 임금은 월급으로 약 18만 엔이다. 일을 시작도 안 한 비정규직의 일처리 속도도 파악되지 않았는데, 기업 측이 '앞으로 얼마나 초과근무를 하게 될 것인가?'를 미리 파악해서 시간 수를 정하는 일은 불가능하다. 그럼에도 공고에는 '초과근무 시간은 월 40시간'이라고 아예 명기되어 있다. 18만 엔은 초과근무 시간 임금을 포함한 금액이라고 봐야 할 것이다.

유명 과자점의 사무직 정규직 사원의 기본급은 17만 엔 정도다. 6개월간 근무했을 경우, 연차 유급휴가를 겨우 10일 주는 것은 감지덕지한다 치더라도, 전년도 실적 상여금은 0.3개월분

---

* 배송 담당자가 배송 트럭에 직접 화물을 승하차해, 화물과 함께 현금도 수수하는 방식의 배송이다. 주로 청량음료, 빵, 우유 등을 취급하는 기업에서 활용한다.

밖에 안 된다. 개미 눈물보다 적다. 그나마 이곳 말고는 상여금을 주는 데가 아예 없다.

기성복 회사 영업담당 계약사원은 월급 20만 엔이지만 건강보험도 연금도 없다. 그 정도 대우인데도 채용 조건 허들은 높다. 기성복 및 섬유업계에서 경험을 쌓아 수많은 고객을 이미 가지고 있는 사람 한정이다. 독자적으로 고객을 보유한 프로 영업사원에게 이런 대우를 한다니 믿을 수 없는 일이지만, 경력이 있는 영업사원이라도 중장년이라면 써주는 곳이 없는 게 현실이기도 하다. 목구멍이 포도청이라는 약점을 간파하고 조건을 정했으리라.

사회복지법인이 경영하는 보육원은 보육사나 유치원 교사, 간병 전문가 한정이고 임금은 기본급이 약 15만 엔이다. 특수업무수당을 포함해서 겨우 19만 엔이다. 육아휴직이나 병가는 없다. 계속해서 근무하고 싶은 사람에게는 불안한 요소다.

● **당연시되는 연령 차별**

한편, 민간 인재기업이 보내오는 구직정보는 대기업을 위한 단기간 파견이 대부분이고 시급이 높다. 손해보험회사 콜센터

근무가 시급 1,600엔, 무역회사에서 전무 어시스턴트가 시급 1,800엔, 행사 부스 설치 스태프 일당이 2만 엔 등등 헬로 워크와는 완전히 다른 세계처럼 보이는 숫자가 늘어선다. 하지만, 이런 좋은 조건으로 채용하는 대상은 청년층 한정으로, 중장년은 지원해도 무시당한다.

요약하면 일본의 직업소개는 관과 민이 역할분담을 하고 있다. 헬로 워크는 후생노동성이 보기 좋게 내건 간판대로 연령제한을 넣지 않는다. 한편, 민간 인재기업은 후생노동성의 지시도 (법 아래 평등하다는) 헌법도 무시하고, 연령에 차별을 두어 중장년을 배제한다.

기업 측이 이용료가 무료인 헬로 워크가 아니라 한 건당 경비가 수만~수십만 엔 드는 인재기업에 의뢰하는 이유는 간단히 말해 이런 연령 차별 때문이다. 헬로 워크에 좋은 조건으로 구인을 내기라도 했다가는 뽑고 싶지 않은 중장년이 잔뜩 몰려들어 대응하기 귀찮으니까 민간 인재기업에 의뢰하는 것이다. 관과 민이 구역을 나눠 먹은 탓에 중장년 임금 차별이 갈수록 심해지고 있다.

만약 연령 차별을 하지 않는 공공기관인 헬로 워크에만 구직 정보를 내놓을 수 있다고 한다면, 기업은 일률적으로 청년들이 매력적으로 느낄 만한 좋은 대우를 실어 광고를 내놓을 것이다. 연령별 임금 따위 제시했다가는 그 자체로 위법이다. 선별은 청년들 우선으로 이루어질지라도, 예정 인원을 충족하지 못하면 남은 자리에 중장년층이 들어오게 되고, 그러면 어쩌다 들어온 중장년층을 청년층과 똑같이 고임금을 주고 일을 시켜야 한다. 이런 방식이라면 노동자 전체의 임금이 상승한다.

하지만 현재 상태로는 관과 민의 구역이 나뉘어 있기 때문에 헬로 워크용으로 내놓는 구직 정보에는 '썩어 남아도는 중장년' 대상으로 최저임금을, 민간 쪽에는 청년들 대상으로 고임금을 제시한다. 약 2,000만 명이라는 비정규직 가운데 약 60%를 차지하는 중장년층이 비정규직 평균임금을 깎는 큰 원인이 되고 있다. 일하는 방식 개혁은 이 '구직 정보의 분업화'에도 메스를 가할 필요가 있다.

다만, 인재기업에 대해 연령 차별을 하지 말라고 설득해봤자, 거의 모든 클라이언트 기업이 고령자에게 냉담하다는 확고한 현실이 장애물로 가로막고 있다. 이는 10장에서 자세하게 이야기하겠다.

● 어느 싱글맘의 고뇌

비정규직 현장에서 만나는 중년 여성들은 거의 대부분 자녀 교육 문제로 고민하고 있었다. 고민의 원인은 우선 교육비가 들어가는 것인데, 경제적인 사정으로 아이의 희망을 꺾어 아이가 장래의 큰 꿈도 잃어버렸다는 목소리가 태반이다.

전형적인 예로, 가와사가키시에 사는 싱글맘의 사례가 있다. 주 5일 햄버거 체인점에서 전일제 근무를 하고 있지만 실수령액은 14만 엔이라고 한다. 이것만으로는 대학 진학을 위한 비용을 충당하기 어려워 큰 결심을 해 주말에 36시간 잠도 안 자고 일하기로 했다. 예를 들어 토요일 낮 동안 레저시설 청소, 밤에는 도시락 공장에서 반찬 패키징, 일요일 낮에는 시험 감독 같은 식이다. 휴일도 없이 장시간 가혹한 노동을 하는 것은 뻔히 보이는 문제지만 인재기업은 얼마든지 스케줄을 짜준다. 현장 세 곳을 넘나들어 얻는 임금은 합계 2만 4,000엔으로 교통비를 빼면 2만 엔이다. 4주 동안 8만 엔을 입시학원 한 달 수업료나 학자보험금으로 사용했다. 그녀는 일요일 밤에 완전히 지쳐 귀가한다. 그러면 아들이 말한다.

"그렇게까지 엄마 고생시켜서 대학 가고 싶지 않아. 고등학교 졸업하면 바로 일할게."

그녀는 아들의 마음 씀씀이가 너무도 기뻤다. 그러나 다음 한마디에 얼어붙고 말았다.

"그러니까 더 이상 공부하라는 말은 하지 마세요."

그 뒤로, 아들은 밤 늦게까지 아르바이트를 하고 아침까지 친구들과 돌아다니며 놀기 시작했다. 그녀는 자식의 가능성을 좁혀버린 게 아닌가 싶어 자책감을 품게 되었다.

사이타마현 가와구치에 사는 56세 남성은 재혼하여 자식이 5명이었다. 이전에는 철공소의 베테랑 기술자였으나, 도산하여 실직했다. 그 뒤로 평일 5일은 쇠고기덮밥집에서 야근, 주말 2일은 일용직으로 고용되어 일한다. 아내도 자동차 공장에서 아르바이트를 하면서 거의 전일제 근무를 하고 있다. 월수입은 두 사람 합쳐서 약 40만 엔이다. 지자체에서 고등학생 자녀 1명을 뺀 4명의 아동수당을 5만 엔 정도 준다. 세금, 보험, 주거비, 7명의 교통비, 학교의 여러 비용 등 부담이 커서 가계는 매달 적자에 저금도 못하고 있다. 가족 전원이 옷은 벼룩시장에서 구하고 있었다. 낮밤이 바뀐 생활로 자식들과 느긋하게 이야기할 시간도 없다. 고등학생인 장녀는 어린 형제자매가 병이라도 걸리면 학교를 쉬고 간병을 할 때도 있다고 한다. 부부는 장녀가 대학에 진학하기 위해서라면 어떻게서든 학비를 짜낼 마음을 먹고, 일을 더 하는 수밖에 없다고 각오하고 있었다.

어느 신문에서 여고생이 교육투자를 받지 않고 고졸로 아르바이트를 하는 경우와 대학에 진학해 취업한 경우, 생애임금이 어떻게 차이가 나는지 비교했다. 그러자 65세 단계에서 1억 5,000만 엔이나 차이가 났다. 고졸로 끝나는 경우 그녀들의 아이도 부모가 가난하니까 역시 교육투자를 받지 못했다. 가난의 대물림이다.

초중학생 가운데 과일 껍질을 벗길 줄 모르는 아이가 늘어나고 있다고 한다. 그 아이들 집에서는 과일을 사 먹는 일이 거의 없다. 일본의 어린아이 6명 가운데 1명은 빈곤 상태라는 발표가 난 지 오래다. 이러한 가정의 부모와 아이들에게 미래를 향한 희망이나 의욕을 품도록 하려면 "돈 없이도 대학에 갈 수 있다"라는 전제 조건이 필요하지 않을까?

문부과학성 조사에 따르면 2015년 대학 및 전문대 진학률이 전국 평균 약 70%이나 편부모 세대는 약 40%에 그쳤다. 의대에 진학하는 것은 거의 전원이 사립 아니면 국립 중고등학교 내부 진학생 출신자로 한정되어 있었다.▪

이 사실을 당연하게 여겨서는 안 될 것이다. 시험 삼아 개발도상국이라 치고, 위의 내용을 다큐멘터리 방송 내레이션으로 바꾸어보자.

"이 나라에서 의사가 되려면 부잣집 자식으로 태어나야 합니다. 정치가도 관료도 교육자도 이를 당연하게 여깁니다."

이 방송을 보면 누구라도 '거참 그 나라 정부 한심하네'라고 생각할 것이다.

▪ 《주간 다이아몬드》, 〈최신 의학부 & 의사〉, 2016년 6월 18일호.

개천에서 용 나는 시대의 끝

문부과학성의 학력고사 결과에 따르면, 연수입이 높은 가정의 학생이 많이 다니는 학교일수록 평균 점수가 높다는 보고가 나왔다. 평범한 공립학교에서는 학생들의 학습 의욕이 오르지 않고 주변에 휩쓸리기에 동기가 낮기 마련이다.

최근 도쿄는 교육 지원에 힘을 쏟고 있지만, 운영하는 방식이 이해가 안 간다. 일부 고등학교를 진학지도 중점학교로 지정하여 수험지원 체제를 강화했는데, 이래가지고는 평소 학원을 충분히 다닌 상위층 중학생에게 서비스를 해주는 꼴일 뿐이다. 학원 등에 다니지 못하고 수학여행비도 못 내는 빈곤층 아이는 그냥 내버린 것이다. 게다가 '연수입 760만 엔인 가정까지 아이의 사립 고등학교 학비를 보태주겠다'고 하는데, 정부는 의무적으로 모든 아이가 자신을 향상할 기회를 제공해야 마땅하고, 공립학교의 서비스 기저선을 높여서 기회의 격차를 줄이는 것이 마땅하지 않은가?

현대에는 운동선수도 중산층 이상 가정 아이가 아니면 대성하기 어렵다. 쇼와 시대의 대표적인 작품인 열혈 야구만화 〈거인의 별〉을 예로 들어보자. 지금이라면 비싼 야구용품이나 유니폼을 사야 하고, 또 부모가 야구팀에 매일 의무적으로 연습 서포트를 위해 참가해야 한다. 어머니가 돌아가시고 아버지와

누나도 주말도 없이 일하고 있는 가정의 주인공 호시 휴마는 현대에서는 일단 연습에도 끼지 못한다. 공립학교는 너 나 할 것 없이 시설이 빈약하고, 운동장도 마음대로 쓰지 못하는 데다가, 클럽활동 감독도 없기 일쑤라 야구부가 제대로 지원이 안 된다. 전국대회는커녕 지역대회에도 출장하지 못해 스카우터의 눈에 걸리는 일도 없다. 지금 현재의 일본에서 〈거인의 별〉은 성립하지 않을 것이다.

참고로 호시 휴마가 출세를 달성한 1960년대 초반 국립대학 학비는 1년에 약 1만 엔이었다. 대졸 초봉이 1만3,000엔이던 시대다. 당시 이미 국립대학 학생도 부유층이 점거하기 시작했으나, 아직 가난한 사람의 안전망이 이뤄졌기도 했고 학교를 다니면서 동생들을 위해 돈을 부치는 학생도 적지 않았다. 2016년 현재 국립대학에 들어가려면 입학 등록금으로 80만 엔이 필요하고, 2년 차부터 55만 엔 정도 학비가 든다. 사립이라면 20% 더 비싸다.

청소년에게 인기가 높은 디지털 전문대학이나 애니메이션 전문대학 학비는 오히려 더 비싸다. 의식주를 겨우 유지하는 가정에서 부담할 수 있는 금액이 아니다.

다만 실제로는 국립이나 사립 할 것 없이 저소득가정 자녀에게는 학비를 면제해주겠다는 대학이 상당히 많다. 예를 들어, 가나가와 대학처럼 1년에 100만 엔 정도 장학금을 지급하는 대학까지 있다. 더욱이 공적으로 발표하지는 않아도 입시 성적이 그 대학의 평균보다 높은 학생은 개별적으로 우대하는 사립학교도 있다.

예를 들어 W대학에 상당히 높은 성적으로 합격한 학생은 동시에 원서를 넣은 조금 낮은 대학인 R대학에서 4년간 학비를 무료로 해주겠다는 제안을 받아 상당히 고민했다고 한다. W대에서 학비를 내기 위해 아르바이트로 고생할 것인가, 학비가 들지 않는 R대에서 공부와 취미에 전념할 것인가. 감히 한마디 보탠다면 아르바이트도 귀중한 사회 경험이기는 하지만 아르바이트가 생활의 중심이 되어버리면 주객전도라 할 수 있다. 이온 그룹이나 미쓰비시도쿄UFJ 같은 대기업에서는 조건이 없는 급부장학금* 제도를 시행하고 있다. 학비무상 대학과 급부장학금을 조합하면 아르바이트를 전혀 하지 않고도 생활비 걱정 없이 졸업하는 것도 가능하다.

과거 수십 년간 일본은 학비를 올려왔고, 선진국 가운데에서도 교육에 붓는 공적투자가 적다고 비판을 받아왔다. 그럼에도 정부와 문부과학성은 재정 상황이 어렵다는 이유로 과감한 정책에 나서지 않고 있다. 아이들의 기회 격차를 없애지 않으면 가난의 대물림 연쇄는 끝나지 않고 계속되기만 한다. 시야를 멀

* 갚지 않아도 되는, 그냥 주는 장학금을 말한다.

리 두고 빈곤 가정 아이들을 우대하는 것이 사회와 경제의 안정
화에 투자하는 것이 아닐까 싶다.

.

정말 고령자는 못 쓰는 존재인가?

●   나이로 인한 차별

2015년 3월 1일, 필자는 한 중소 인재기업에서 취업박람회가이
드 업무를 제안받았다. 파견을 결정할 때 인재기업 담당자는 필
자가 경제부 기자로 활동하면서 기업을 취재한 이력을 말하자
흥미로워했다.

"마침 잘됐습니다. 취업박람회에 온 학생들에게 여러 가지
재미있는 이야기를 꼭 들려주셨으면 합니다."

시부야 홀에서 진행된 박람회에는 약 1,500개 기업의 부스가
있었고, 대략 2,000명의 대학생이 찾아왔다. 모두 손에는 신문
의 취업 특집면을 쥐고 있었다. 나는 전시 부스가 늘어선 홀에서
기업과 대학생 양쪽을 모두 담당하는 일을 맡기로 했다. 현장에
서 업무를 지시하는 책임자는 행사 주최 측인 마이나비*의 20대

여성 정규직 사원이다. 아침 인사를 하러 가자 그녀는 "왜 이런 늙다리가……"라는 말을 늘어놓았다.

정식 과정을 거쳐 파견된 노동자를 두고 파견처가 직접 차별적 언설을 늘어놓는 일은 언어도단이다. 또한 노동법령 문제 이전에, 연령이나 겉모습을 보고 사람을 욕하는 것은 잘못된 일이다.

이 폭언을 내뱉게 된 배경에는 파견제도의 근본적인 결함이 숨어 있다. 즉, '파견기업이 필자를 파견한 이유'가 파견처로 절대 전해지지 않는다는 점이다. 파견제도상 노동자의 선발은 파견기업의 전임 업무이기 때문에 파견처가 선정에 끼어드는 일은 불가능하고 개인정보는 일부러 전달하지 않도록 되어 있다. 혹시라도 파견처에 정보가 전달되어 이를 근거로 파견처가 선정에 관여하면 파견제도의 취지와 모순되기 때문이다.

하지만 이 파견기업의 선정 원칙도 실제로는 대부분 형식적으로 시늉만 할 뿐이다. 파견기업의 선정은 단순히 1차 선정이라 여기고 자사에서 면접으로 최종 결정하는 파견처가 압도적으로 많다. 이보다 더욱 악질적인 기업은 파견처가 선정 자체는 귀찮으니까 파견기업에 일단 맡겨놓고, 정작 파견 온 노동자가 마음에 안 들면 쫓아내고 다른 사람으로 바꿔달라고 요구하는

---

* 취직, 이직, 진학 정보 제공 및 인재파견과 소개를 주 업무로 하는 대형 인재광고 기업이다.

곳이다.

후자와 같은 상황에 처해버린 노동자에게 이러한 시스템은 비참한 인권문제가 된다. 하지만 유감스럽게도 파견 선정은 거의 대부분 이 두 종류의 시스템 중 하나로 진행된다.

자, 본론으로 돌아오자. 이번에 내가 당한 케이스는 두 번째 사례였다. 얼굴을 마주 본 시점에서 그녀가 나에 대해 알고 있는 정보는 '겉모습이 별로다'뿐이다.

점심시간이 지나자 나는 백야드로 끌려가, 쓰레기 분리수거 일을 지시받았다. 아침에 부수를 설치하느라 종이 박스, 플라스틱, 빈 캔 등 대량의 쓰레기가 5평 정도 되는 창고에 산더미처럼 쌓여 있었다. 나는 가이드로 왔고 노동계약이나 취업 설명에 쓰레기 처리는 없었다. 사전에 설명하지 않은 일을 명령하면 파견법 위반이다.

"저 혼자서 분리수거하라는 말씀이십니까?"

"문제 있나요?"

나는 기업인이나 대학생에게 맞추기 위해 하얀 와이셔츠에 수트, 가죽 구두로 복장을 갖춰 입고 왔다. 장갑도 없다. 파견처는 노동자가 일할 환경을 미리 정비해두지 않으면 안 된다고 파견법에 규정되어 있지만 그녀에게 그런 배려는 없었다.

불만 있으면 집에 가든가?

먹다 남은 캔 커피가 흘러나와 재킷과 와이셔츠 소맷자락을 얼룩지게 만들었다. 정체 모를 하얀 가루로 재킷과 바지가 더러워지고, 플라스틱 포장재에 손을 다치고, 다량의 덕트테이프를 비닐 주머니에서 떼어내느라 악전고투했다. 몇 명이 나눠서 한다면 1시간도 안 걸려 끝날 작업을 나 혼자서 하라고 시킨 이유는 도대체 무엇일까.

그녀는 가끔씩 내 모습을 확인하러 왔다.

"똑바로 하고 있어요? 농땡이 피우는 거 아니지?"

"잠깐만 바람 좀 쐬고 오면 안 되겠습니까?"

"다 끝낼 때까지 안 돼요. 당연한 거 아니에요?"

"다른 분들은 교대로 휴식을 취하고 있습니다만."

"저기요, 불만 있으면 집에 가든가?"

이것이 그녀의 목적이었다. 힘든 일을 내게 혼자 하도록 시켜서 굴욕을 견디지 못하고 자발적으로 돌아가게 하려는 것이다. 그러면 임금을 주지 않아도 된다.

다음 날 아침에 나와 대기실에서 다른 스태프와 함께 준비 작업을 하고 있는데, 그녀에게 지시받았다는 덩치 큰 남성 사원이 내게 큰 소리로 말했다.

"주최 측 마이나비 지시다. 당신 때문에 행사장이 지저분해져서 곤란하니까, 당장 돌아가."

　행사장에 있던 나이 먹은 사람은 나 혼자만이 아니었다. 행사에 참가하는 기업 관련 업체 사원들도 잔뜩 있었다. 나도 인재기업에 출근을 지시받아 온 정당한 노동자다. 노동의 대가는 지급받아야만 했다.

　"저기……. 임금은?"

　"뭔 소리 하는 거야? 돈은 무슨……. 어디서 돈 얘기를 하고 있어? 당장 꺼지지 못해?"

　법적으로는 약속된 3일치의 임금을 지급해야 하지만 이에 대해 설명이 전혀 없었다. 파견처가 파견노동자를 자기들 사정으로 해고할 경우, 다른 곳의 일자리를 제공해야만 한다. 무엇보다도 노동자의 해고는 파견처 혼자 결정할 문제가 아니라, 인사권자인 파견기업이 결정한다. 수많은 노동자를 다루는 기업인데도 파견관계 모든 법령을 일일이 짓밟다니 이게 도대체 무슨 짓인가? 마이나비 본사 홍보부서에서는 이렇게 답변했다.

　"행사 운영은 다른 회사에게 맡기고 있습니다. 민원인께서는 지금 업무 내용이나 임금, 노동시간에 관한 언급을 하고 계시지만, 민원인과 당사 사이에는 고용계약 등의 권리의무 관계가 일절 존재하지 않습니다. 당사 사원이 지시했다는 사실도 보고된 바가 없습니다. 다만 다른 회사의 지시를 당사의 사원이 확인한 일은 있었습니다."

정말 고령자는 못 쓰는 존재인가?

홀륭한 인권침해 문제임에도 사죄도 없고, 비정규직 고령자 따위 어떻게 취급하든 문제될 게 없다는 '자신감' 넘치는 답변이었다.

파견제도의 최대 문제점이 이 대답에서 드러난다. 파견노동자의 고용주는 파견회사지만, 현장에서 노동자를 지휘 감시 하는 것은 파견처다. 노동자를 관리하는 책임이나 의무의 소재가 모호하여, 누가 노동을 지시하고, 누가 노동자의 인권을 지키는지 명확하지 않다. 법률은 '관계 각사가 협력해서 정해라' 같은 무책임한 소리를 하며 나 몰라라 하고 있다. 파견회사와 파견처가 서로 책임을 상대에게 떠넘기고 관계없는 척할 수 있도록 규정된 법률이기에 가운데 낀 노동자는 그들의 기분이 변하는 대로 휩쓸리다 절벽에 떠밀리고 마는 것이다.

●   경력자 활용은 그림의 떡

고령자뿐만이 아니라, 중장년도 정규직으로 이직하기란 어려워서 기대도 흥분도 전혀 없다. 유명 대기업에서 요직을 경험한 소위 '프로 임원' 이외에는 거의 기대를 품을 수 없는 것이 현재 상태다. 전직 관리직으로 한정해서 모집하는 기업도 있지만 부장이나 과장급에게는 새로 뜨는 유망한 업종(로봇이나 반도체, 재활용 가능 에너지 등)의 경력이 아닌 한 상대해주지 않는다. 일용직 현장에서 전직 대기업 부장님 출신이나 공장장님을 만나는 일은 드물지 않다.

정부는 '정체업종에서 성장업종으로 인재를 이동시킨다'라는 목표를 내세웠으나 장애물이 많다. 파견노동자들은 애초에 '정체산업 출신'이 가장 큰 핸디캡이니, 이 슬로건 자체가 문제가 있지 않은가? 뭔가 다른 부가가치를 붙여주지 않으면 손쓸 방법이 없다. 앞으로 몇 년 더 일할 수 있는지 장래성의 문제도 있다. 성장산업의 경우 사원의 연령 구성이 전원 30대 이하인 회사도 적지 않다. 여기에 50~60대 전직 관리직이 들어오면 적응을 못할 위험이 있다.

참고로 필자의 경우, 헤드헌팅 회사로부터 설립한 지 10년 정도 된 벤처기업의 홍보담당 관리직이 어떠냐는 알선이 있었다. 사장과 만나 이야기를 나눠보니, 사장이 아직 현장 경험이 적어 미디어가 돌아가는 세세한 부분에 있어서는 아는 바가 없어서 스스로 생각해도 내가 도움이 되리라 짐작했다.

이야기가 척척 진행되고 있다고 생각했는데, 젊은 사원이 반대하고 나섰다. 여태까지 미디어 대책을 자신들 힘으로 잘해오고 있었는데, 이제 와서 '방송국에서 추락해서 온' 자가 위에 앉으면 의욕이 사라진다, 사장이 자신들의 일처리를 제대로 평가하지 않는 모양이다, 하고 반발하고 나섰다고 한다.

비정규직에서 정규직으로 다시 이동하기란 어려운 일이다. 정부는 어떻게 해서든 정규직으로 전환시키려고 지원금 제도를 설치했다. 그러나 한편으로는 해고가 어려운 정규직 사원을 일정의 금전 대가로 기업 쪽에서 마음먹은 대로 해고할 수 있도록 하는 법 정비도 진행하고 있다. 그 취지는 사원의 증감이 간단해져야 투자도 하고 공장을 짓더라도 바로 퇴각할 수 있으니 '쉬운 투자'가 늘어나서 침체되어 있는 국내 설비투자가 증가될 것이라는 핑계다. 이게 실현 가능한지는 일단 접어두더라도 정규직 사원을 해고하는 일을 추진하려면 동시에 '노동시장의 유동화'와 '재고용의 벽을 무너뜨린다'가 한 묶음이 되지 않으면 안 된다.

실제로는 정규직화는 이루어지지 않고, 해고만 수면 아래에서 진행되니까, 재취직이 안 되는 비정규직이 늘어나고 있다. 인재기업은 4장에서 소개한 대로 낡아빠진 사무기기를 버리기라도 하듯 해고를 촉진한다. 정부는 정책을 하나에 집중하지 못하고 있다. 이런 모호함이 인재기업을 행정지도로부터 자유롭게 만든다. 이제는 오히려 일본의 노동정책이 인재기업의 눈치를 보며 그들이 정한 방침을 뒤따르고 있다고 해도 과언이 아닐 정도다.

채용의 열쇠를 쥐고 있는 인재파견기업

일본의 도시 전역에서 노동자의 취업을 지휘하는 주체는 인재파견기업이다. 헬로 워크가 수도권에서 차지하는 비중은 8%에 지나지 않는다. 인재파견기업의 수는 전국적으로 8만 개 이상으로 이는 세계 최다다. 종업원 수는 적어도 300만 명으로, 대학 졸업 1년 차 채용에서부터 이직, 재취업까지 폭넓게 다루고 있다. 물론 중장년 취업에서도 그들의 영향력은 무지막지하게 크다. 우선 최근 업계 사정부터 살펴보자.

2015년부터 2016년에 걸친 기간 동안 청년층 이직자가 가장 많이 모인 곳이 인재파견기업이다. 청년들 사이에서 인기가 급속도로 높아지고 있다. 2014년 도쿄에서 실업한 청년들을 지원하기 위한 사회교육 프로젝트가 실시되었다. 여기에서 필자가 담당한 '현대사회'를 수강한 24세 이직자 A군은 대형 유제품업 회사에서 정규직 연구원으로 입사했다. 그러나 혹한의 홋카이도 목장에서 연수를 마치자마자, 도쿄 인재파견기업에 들어간 옛날 동급생의 화려한 생활을 전해 들으면서 "인재파견기업은 '가치구미(승자)'다. 너도 이리로 와라"라는 권유를 듣고 충동적으로 그만두었다고 한다. 초고층 빌딩에서 젊은 동료들과 일하는 모습은 매력적으로 비춰졌을 것이다. 그들의 슬로건은 '내가 직접 일하면 하면 손해. 남이 번 걸 받으면 이득'이다. 벌써 이 단계에서부터 자신과 노동자를 구별하고 있다.

인재파견기업의 특성상 신입사원이라도 파견노동자에 대해서는 관리직이 된다. 그로 인해 얻은 우월적 지위를 이용할 수도 있다는 이야기까지 들었다. 주로 영업을 담당하며 다른 회사와 경합하게 되면 등록 노동자의 임금을 낮추는 식이다. 자기에게 손해가 가지는 않으니 말 그대로 방금 전 슬로건에서 이야기한 대로다. 일본의 낙농업에 헌신하려던 귀중한 인재 하나를 잃어버린 셈이다.

인재파견기업은 구조적으로 위험한 면도 있다. 2016년 5월, 아이치현 도요타시에 사는 24세의 전직 인재파견기업 사원이던 남자가 22세 등록 여성을 살해해 시체를 밭에 버린 혐의로 체포되었다. 범인은 등록 노동자를 감독하는 입장을 이용해 그녀가 사는 곳을 마음대로 지정하고, 열쇠까지 복제해서 가지고 있었다. 등록 노동자에 대한 인재파견기업 사원의 지배력은 지나칠 정도로 강하다. 24세 청년을 끔찍한 범죄로 끌어들인 것은 회사가 부여한 차별적 권력은 아니었을까?

인재파견기업에 기댈 수밖에 없는 약자의 입장인 파견노동자들의 실태조사가 필요하다. 하지만 2012년 후생노동성에서 조사한 이후로 그 이상 이어지지 못했다. 도쿄에서는 독자적으로 2014년에 실시했다. 이 조사는 직접 만나서 이야기를 듣는 방식으로 진행되었다. 노동자 쪽은 입을 모아 세 가지 문제를 지적했다고 한다. '임금'과 '업무 내용'으로 사기당하는 것과 인재기업이나 근무처의 정규직 사원에 의한 '괴롭힘, 학대'가 바로 그 세 가지다.

필자가 미디어에 실태를 보고하기 전부터 많은 노동자가 파견노동 현장에서 겪은 괴로운 경험을 행정에 호소하고 있다. 하지만 후생노동성은 인재파견기업에게 행정지도를 내리기를 주저하고 있고, 인재파견기업도 감독 관청에 협력적이지 않다. 일용직 파견의 원칙금지 조항이라는 단적인 예가 있다. 이 조항은 규정으로 성립하기까지 3년이나 걸렸지만 그 이후 후생노동성이 사전 연락 없이 급습해 조사하기 전까지 제대로 지켜지지 않았다. 그 전에는 완전히 무시되었다.

● 　　　　　　　　　　　　　고령 노동자 배제의 요인

2015년에 정부가 '일억총활약*'이라는 슬로건을 내건 이유는 말할 것도 없이 현재 상태로는 가까운 미래에 나라 재정, 의료, 연금이 필시 파탄 나기 때문이다. 파탄을 피하기 위해서는 고령자도 쉬지 말고 일해서 세금이나 연금을 계속 내게 만들어, 연금 지급을 줄이지 않으면 안 된다는 것이다. 안정 국가로서 지속 가능한 길은 이 길밖에 없다. 가장 중요한 국책 중 하나다.

이제는 일본 국민 4명 중 1명이 정년 연령인 65세 이상이다. 수치상으로 3,500만 명에 달하는 사람이 노동시장에서 배제되어버리면 결과적으로 젊은 세대에게 업혀서 가는 꼴이 된다. 일할 수 있는 사람이 일을 안 하고 청년들의 부담만 계속 늘어나버리는 상황을 방치해서 좋을 리가 없다.

하지만 고령자 배제의 요인에는 인재기업의 비즈니스 모델에 의한 구조적인 요인이 있다. 그들의 비즈니스 기반은 주로 대학 졸업생으로 행사나 세미나를 통해 전국 학생들의 개인정보를 얻어내고, 기업과 중개해 수수료를 얻는 것이다. 학생들의 개인정보는 인재기업의 이익을 만들어내는 원천이 된다.

최근에는 신입사원의 1/3이 3년 이내에 회사를 그만두고, 프리터나 파견사원이 되는 경우가 많다. 이 점을 감안하면 학생들은 졸업 후에도 세미나나 직업훈련, 이직처 소개, 인재파견 등 비즈니스 대상으로 써먹을 수 있다. 또한 직업소개 이외에도 개인정보 활용도가 높다. 부동산, 자동차, 금융, 결혼, 여행, 스포츠, 음식, 미용, 패션, 미디어 등 다양한 생활관련 분야에 자회사

* 이 말은 '일억총옥쇄(一億總玉碎)'라는 슬로건의 패러디다. '일억총옥쇄'에서 옥쇄(玉碎)란 중국 역사서 《북제서》의 41권 열전 제33 《원경안 전》의 "사내라면 차라리 옥(玉)처럼 아름답게 부서질지언정(碎), 구차하게 기와(瓦)가 되어 목숨을 보전(全)하지 않으리라"는 구절에서 유래한 고사성어인 옥쇄와전(玉碎瓦全)에서 유래한 말로, 본래는 명예나 충절을 위하여 깨끗이 죽는 것을 말한다.

를 세워 개인정보를 이용해 직접 홍보 이메일을 보내는 방식으로 마케팅도 가능하다. 비즈니스 대상을 청년으로 한정하면 아주 효율 높고 다각적으로 이익을 올릴 수 있는 것이다. 그것도 장기에 걸쳐서!

한편 고령자에게는 큰돈이 움직이는 경우가 거의 없다. 소비의욕도 적고 얼마 안 있어 입원하거나 죽을지도 모른다. 이직지도나 기업 쪽에서 채용하도록 주선하는 일은 가능할지라도, 기업 쪽에서는 그다지 좋아하지 않는 만큼 들여야 할 수고가 청년에 비해 몇 배나 든다. 노력해도 보상받지 못할 가능성이 높다. 그런 고령자는 인재기업에게 있어서 밭(노동시장)에 난 잡초다. 방해만 되니까 베어다 밖에다 버린다.

위에서 이야기한 일화에서 나를 배제한 여성 사원도 개인에게 학대나 차별을 가하려는 의식은 없었을 것이다. 단순히 비즈니스 대상 외의 이물질이라고만 인식했을 뿐이다.

●　　　　　　졸업예정 학생 일괄채용 제도

그런데 이러한 인재기업의 행보도 커다란 갈림길에 들어서게 되었다. 그들의 현행 비즈니스는 '졸업예정 학생 일괄채용 제도*'를 원천으로 하고 있는데 정부가 이를 폐지하려는 방침을 내놓았기 때문이다. 이것이 그들의 청년 일변도 비즈니스 모델에 개혁을 가져올 가능성이 있다.

일괄채용 제도의 영향으로 전국에 있는 학생이 도쿄로 몰려든다. 그리고 제 손으로 세세한 개인정보를 등록한다. 노력하지 않아도 단기간에 방대한 양의 정보를 모을 수 있다. 만약 일괄채용 제도가 없어지고 기업의 채용이 상시 모집으로 변한다면, 학생도 한꺼번에 움직이기보다 따로따로 개별적으로 움직이게 될 것이다. 그렇게 된다면 인재기업은 정보수집에 시간과 더 많은 수고를 들여야 하기에 현행 비즈니스 모델이 붕괴되고 말 것이다.

참고로 언론에서 보도되는 취직 내정률 등의 졸업예정 학생 데이터는 인재기업이 보도자료로 뿌린 자료다. 보도된 내용은 대부분 인재기업의 데이터를 바탕으로 한다.

이에 따르면 매년 회사 방문 금지**가 풀리는 시기나 내정이 언제 나왔나 등 회사 채용 시기에 학생들이 관심을 쏟는다. 학생들은 채용 시기에 대해 "회사 방문 금지가 풀리고 나서 내정

---

* 기업이 졸업예정 학생을 대상으로 매년 일괄적으로 구직하여, 재학 중에 채용 시험을 보고 진로를 결정해 졸업하자마자 바로 근무하게 하는 제도다.
** 회사 방문이란, 희망하는 회사를 방문해 업무 내용이나 사내 분위기를 견학하는 일을 말한다. 아무 때나 찾아갈 수는 없고, 정해진 기간에만 가능하며 이를 회사 방문 금지라고 부른다.

에 이르기까지 기간이 짧아서 좋았다"라는 긍정적인 목소리가 많다고 한다. 그런데 문부과학성이나 연합에서 진행한 설문조사에서는 결과가 다르다. 그들이 조사한 설문의 의견을 살펴면 이렇다.

"회사 방문 금지가 해제되는 시기가 너무 빨라서 회사를 한 곳으로 한정하는 시간이 부족하다."

"내정처에서 강요해서 다른 회사 방문을 포기했지만 후회하고 있다."

"평생 다닐지도 모르는 회사니까, 천천히 시간을 들여 고르고 싶었다."

지금도 종신고용이 주류인 일본에서 첫 직장을 결정하는 일은 인생을 좌우하는 것이라고 해도 과언이 아니다. 천천히 생각해서 고르는 게 좋지 않을까? 정부가 이러한 단기 일괄채용 제도를 폐지하겠다고 명확히 한 이유는 이 제도가 너무나도 많은 모순과 결함을 안고 있는 점을 문제시했기 때문이다.

세계에서 일본밖에 없는 이질적은 관습인 데다가 노동시장의 유동성도 저하시키고, 학생을 위축시켜 자유의지를 저해하고, 숙고할 시간이 부족해 기업과 노동자 사이의 미스매치를 일으키기 쉽다. 그 외에도 기업 쪽의 불공평한 반칙 행위, '밭떼기(입도선매)', 학생의 의향을 무시하고 심리적으로 가둬 다른 내정을 포기하게 강요하기, 마음에 들지 않는 결과로 끝나게 해

학생에게 불필요한 좌절감과 패배감을 심어주는 등의 문제가 있다. 졸업예정 학생 출신 정규직 사원 중 1/3이 입사 후 3년 안에 그만둬버리는 이유는 위와 같이 생각할 시간이 부족한 상태에서 골라서 생긴 미스매치가 원인이라는 지적이 나오고 있다. 이런 게 당연하다는 듯이 횡행하는 이상 현상을 방치해서는 안 된다고 생각한 것이리라.

현재까지는 인재기업이 졸업예정 학생 일괄채용의 이득에 매달려 단물을 빨아왔지만, 이로 인해 많은 노동자의 인생이 좌우되기에 사회적 책임은 매우 무겁다. 사회 공헌을 의식한 대응을 해야 마땅하다. 다만 인재기업이 크게 변한다고 해도, 중장년의 입장이 바로 개선될지는 미지수다.

● 정말 고령자는 못 쓰는 존재인가?

도쿄, 오사카 등 대도시권에서는 비정규직에도 정년이 있다.

백화점이나 대형마트 등 소매업계에서는 오츄겐이나 새해 선물 등의 대목에 대대적으로 비정규직을 모집한다. 하지만 고령자의 문의에 대해 어느 곳이나 대응이 획일적이다. 60세 이상은 전화로 문의를 넣어봤자 그 시점에서 즉시 거절당한다. 채용 책임자에게 이유를 묻자 "옛날부터 관습입니다"라는 대답이 돌아온다. "그렇다면 고령자의 취업 기회를 늘리는 국책에 반대하는 것 아닌가요?" 하고 묻자 "면접 보러 오시겠습니까?"란다. 절대 문 안으로 들여놓으면 안 된다는 좀비 같은 취급이 아니라, 일단 배제하고 보자는 식의 칸막이를 둔 셈이다. 그래도 처음 말을 걸 때는 무조건 거절하기 때문에 고령자의 정신적 충격이 적지 않다.

환갑이지만 건강검진 혈액검사 수치는 전부 정상이고, 시력은 1.2이고 100미터를 12초 대로 달리는 체력인 전직 아나운서인 필자가, 직업소개에서 차례차례 거부당해 절망적인 하루를 보낸 사례를 열거해보겠다.

[사례 1] 콜센터 전화 상담원
시급 1,300엔.
매뉴얼에 따라 유저에게 기기 사용법을 가르쳐주는 업무.
인재기업의 사원은 딱히 이유도 묻지 않고 "어이, 지금 자기가 어디에 지원하는지는 알고 전화한 거야?" 하고 쓴웃음을 터트리며 전화를 끊었다. 연령과 성별만 보고 바로 대상에서 제외된다고 속단한 모양이다. 참고로 인재기업의 사내 자료에서는 전화 상담원의 조건이 '여성, 35세까지'로 명시되어 있다.

[사례 2] 수도 수질검사를 위한 샘플링

시급 1,200엔.

승합차로 아파트 단지를 돌아 접객하는 업무.

연령은 40대 전반까지. 접객할 때 고령자는 상대에게 불쾌감을 주기 때문에 소개해줄 수 없다고 한다. 어째서 고령자가 불쾌한가? 겉모습 때문이냐, 목소리 때문이냐, 성격 때문이냐? 그 설명은 없었다.

[사례 3] 외제차 딜러를 위해 고객의 차를 이동하는 업무

시급 1,100엔.

연령은 30대 전반까지. 이유는 여성 고객에게 좋은 인상은 남길 수 있는 사람이라는 조건이 붙기 때문에(호스트도 아니고?). 필자는 20년간 무사고 무위반에, 좌 핸들 대형 승용차도 운전한 경험이 있다고 어필했지만 "고령이면 이런저런 냄새가 나니까" 하고 무시당했다.

[사례 4] 택배 트럭 주차위반 감시 동승자

시급 1,000엔.

40세 미만 한정. 운전사와 둘이서 장시간 이동해야 하기에 운전사보다 나이가 어린 사람뿐. 나이가 더 많은 사람이면 운전수에게 거만하게 굴어 문제를 일으키기 쉽고, 게다가 도중에 갑자기 화를 내며 뛰쳐나가는 사람도 있어서 절대 태우지 않는다고 한다.

[사례 5] 공영 실내 수영장 안전요원

시급 950엔.

연령은 따지지 않으나, 청년으로 보이는 외견인 사람 한정. 과거에 아이를 데리고 온 어머니로부터 "저렇게 찌든 사람이 안전관리를 제대로 할 수 있겠어요?" 하고 불만 접수가 있었기 때문. 불만은 딱 한 건뿐이었다고 한다.

말 그대로 59세가 '비정규직의 절벽'이었다. 60세 생일을 지나는 순간 구직자리 거의 대부분에서 거절 이메일이 돌아왔다.

●   **대도시와 지방의 격차**

한편 인구가 적은 지방에서는 노동시장에서의 연령 차별은 거의 없고 80대 고령자까지도 활기차게 일하는 산업현장이 존재한다. 나가노현 오가와에 있는 오가와노쇼라는 가게는 나가노 전통 가정요리 오야키*를 만들어 판매한다. 연간 8억 엔의 매상을 올리고 있는 안정적인 경영의 우량기업이다. 하루 생산량이

* 밀가루 반죽 안에 채소 등의 소를 넣고 구운 뒤 다시 쪄내 만든 찐빵 같은 요리.

많으면 1만 1,000개에 달한다. 종업원의 최고 연령은 87세라고 한다. 85세가 반죽에 속을 채우고, 76세가 이로리* 위의 철판에 구워, 70세가 접객 판매한다. 누구라도 대도시권에 가면 대부분의 기업에서 묻지도 따지지도 않고 쫓겨날 사람들이다. 하지만 오가와노쇼에는 정년이 없고 채용도 나이에 관계없이 가능하다. 회사에서 가장 젊은 사람이 사장님인데 고령자들과 함께 일하는 것이 경영에 아무런 어려움이 없다고 한다.■

연배가 있는 사람을 채용하면 이점도 있다. 오야키는 안에 들어가 있는 소를 잘게 잘라 만들어서 쉽게 부서진다. 따라서 겉반죽을 늘리면서 감싸는 작업에 섬세한 감각이 필요해 로봇으로 그 작업을 재현하기 어렵다.

젊은 여성이라면 일일이 훈련을 시켜야만 한다. 하지만 일반적으로 식품 제조판매에는 젊은 여성이 종업원의 대부분을 구성한다. 그러는 편이 청결한 느낌이 들고, 보기에도 좋아, 손님이 말을 걸기도 편하다는 등의 이유로 정착되어버렸다. 그런데 과연 정말로 그럴까? 고령자들의 훈련된 솜씨는 젊은 사람을 능가한다. 고령자의 오랫동안 단련된 기술이 도움이 되는 사례는 오야키만이 아니다. 식품, 의료, 공예, 판매, 서비스 등 다양

---

* 농가 등에서 마룻바닥을 사각형으로 도려내 파고 난방용 및 취사용으로 불을 피우는 장치다.
■ TBS〈제대로 먼데이(がっちりマンデー!!)〉2009년 8월 23일 방송.

한 분야에도 분명 존재할 것이다.

하지만 지방에서는 아쉽게도 일정한 수요가 있는 사업소 자체가 적다. 1년 내내 안정적으로 일거리가 있는 곳은 공공사업에 의한 인프라 설비 정도다. 한편 대도시 대부분은 1990년대에 들어서면서 노동 현장에 일괄적으로 연령 차별이 도입되고 고령자는 배제되고 말았다. 지방에서는 일할 곳 자체가 적고 도시에서는 일할 곳이 있어도 고령자는 배제당한다.

2015년은 중장년 비정규직이 증가하는 추세가 특히 눈에 띄는 해였다. 44세 이하 청년층 비정규직은 정규직으로 이행해 17만 명이 줄었지만, 45세에서 54세 사이는 정규직으로의 이행이 거의 없었고, 오히려 비정규직이 11만 명 늘었다. 앞으로도 이 추세로 늘어갈 것으로 예상된다. 건강한 고령자 노동자가 숫자에 불과한 나이만으로 혐오받고, 경력이나 능력을 무시받으며 노동시장에서 제외당한다.

●   일본어를 못하는 편이 더 낫다?

최근 심야에 이르기까지 근무시키며 과다하고 가혹한 노동으로 비판받은 쇠고기덮밥 체인점이 있다. 이곳으로 중장년 파견

직이 잠시 진출했다가 얼마 지나지 않아 중국이나 베트남, 미얀
마 등 외국 청년에게 밀려 쫓겨난 적이 있다. 음식점에서는 서
비스를 두고 시비를 따지는 일이 상당히 많다. 일본어를 제대로
할 수 있는 중장년 점원이라면 말싸움이 끝없이 이어지고 만다.
한편, 일본어를 모르는 외국인이라면 불만을 토로하던 사람도
대부분 100엔권 같은 가격이 싼 쿠폰이라도 쥐여주면 만족하
고 바로 돌아간다. 이 사실을 알게 된 가게가 일본어를 제대로
못하는 외국인이 접객에 더 어울린다고 여긴 것이다.

반면 대표적인 패스트푸드 체인점인 맥도날드나 모스버거
는 중장년을 적극적으로 채용해왔다. 다만 패스트푸드라는 특
성상 작업을 빨리빨리 처리하는 게 중요하다. 초 단위로 속도를
경쟁하는 곳에서 중장년은 따라가기 어렵고 제 발로 그만두는
수밖에 없었다. 이는 미스매치다. 느긋하게 일할 수 있는 카페
쪽이 중장년에게 더 어울린다고 할 수 있다.

그런데 대형 카페 체인점인 털리스커피는 2016년 처음으로
메뉴 가격을 인상하기로 결정했고, 그 이유로 인력 부족으로 인
한 인건비 상승을 들었다. 남아도는 중장년을 채용하면 인건비
를 줄일 수 있을 텐데도 그렇게 하지 않는다. 이 결정을 반대로
생각해보면 이 체인점은 메뉴 가격을 올리는 것보다 중장년 채
용 쪽이 더 위험 부담이 크다고 평가한 것이다. 중장년이 이 정
도로 눈엣가시 같은 존재란 말인가?

물론 직장이 갑자기 고령화되면 불편한 점도 있을 것이다. 60대가 정규직으로 재고용된 직장의 결과, 졸업예정 학생의 일이 줄어들어 결과적으로 청년의 채용이 줄어들었다는 곳도 적지 않다고 한다. 세대 간의 균형을 맞추면서 고령자 취업을 촉진하기 위해서는 어떻게 하면 좋을 것인가?

지금까지의 르포와는 역설적인 이야기가 되지만, 말 그대로 불균형한 상황 그 자체야말로 인재기업의 존재 가치를 보여줄 수 있는 좋은 기회라고 할 수 있지 않을까? 인재기업은 기업 인사의 대행자다. 그렇다면 건강한 고령자의 특기 분야를 진심으로 묻고, 적합한 클라이언트를 찾아 겁내지 말고 파견해야 마땅하다. 국책에 충실하게 사회의 도움이 되며 당당해질 때 '인간을 물건 취급한다', '인권유린 기업' 같은 악평으로 더럽혀진 현재 상태에서 탈피할 수 있을 것이다.

하지만 그 전에 전제로 깔아야 할 부분은 인재기업 사원에게 노동자의 권리나 의무, 기본적 인권에 대해 적절한 지도를 하는 것이다. 후생노동성은 인재기업의 자세나 파견처가 파견노동자를 받아들이는 태도 등 노동시장의 실태를 깊이 조사해 노동인권의 개선을 정면에서 행할 필요가 있다. 인재기업 쪽도 후생노동성 관료도 서로 딴죽 거는 짓은 이제 그만두고 협력을 해야 마땅하다.

혹시라도 현재 정세에 국책 실현마저 절망적으로 돼버리면,

더 빨리 강제적인 수단을 가해야 할지도 모른다. 예를 들면 직장의 종업원 연령분포를 지역 인구 연령분포에 맞추는 처벌 규칙을 넣은 법률 같은 '고용노동자의 연령분포 적정화법'을 제정하는 등의 방법이다.

●   비정규직에게 냉담한 국가기관

후생노동성의 지부기관인 노동기준감독서는 전국에 321개 서와 4개의 지서가 있다. 직원 가운데 실제로 노동 현장을 직접 찾아가 조사나 심문을 할 권한을 가진 사람은 노동기준 감독관이다. 노동법에 위반하는 것이 증명된다면 지도하고, 그래도 개선되지 않으면 피의자를 체포하고 검찰에 송치할 수 있는 권한을 가진다. 권총은 차고 있지 않지만 훌륭한 사법경찰 직원이며, 체포된 피의자는 경찰 유치장에 수용된다. 이 시점에서 "설마 그런 일이 가능할 리가……"하고 창백해지는 고용주가 많을 것이다.

감독관이 적발하는 부분은 임금 미지급, 위법한 장시간 노동, 노동계약 위반, 부당해고, 설비 안전위생, 갑질, 성추행 등 다양하다. 또한 사망사고 등 중대한 노동재해가 일어나면 원인

을 조사하고 재발방지 대책 지도도 행한다.

하지만 이 감독관은 일본 전국에 약 3,200명밖에 없다. 이는 일본에 비해 인구가 적은 독일의 감독관 수의 반 이하다. 압도적으로 수가 부족하다. 그들의 근무시간도 통상대로 하루 8시간으로 정해져 있지만, 잠복수사나 조사가 길어지는 때가 많고 노동조건을 지키는 입장임에도 불구하고 스스로 초과근무를 하고 있는 게 실태다. 일본에는 감독의 대상이 되는 사업소가 약 430만 개 있고, 3,200명이 모든 방문 조사 등을 담당한다고 가정한다면 한 사업소당 3년에 한 번의 방문이 되고 만다고 한다.

또한, 옛날이라면 벌칙 규정이 있는 노동법은 노동기준법, 노동안전위생법, 최저임금법 정도였고 여기에 걸리는가 아닌가만을 체크하면 됐다. 하지만 이제는 노동계약법이나 파트타임노동법 등 새로운 법률이 몇 개 더 제정되었고, 게다가 노동자파견법 등은 매년 현기증이 날 정도로 자주 개정되기 때문에 전문 감독관이라고 해도 대응이 곤란하다. 정부 방침으로서 고용의 다양화를 추진하는 바람에 노동관료가 상당한 부담을 느끼고 있다는 사실을 알 수 있다.

이렇게 가혹한 정황 탓에, 감독관이 대처할 수 있는 것은 직접고용인 정규직에 한정된다. 비정규직은 신고가 들어오지 않으면 대응에 나서지 않는다. 전화상담에 응하는 노동상담원의 설명은 다음과 같다.

"노동사건은 정규직 쪽이 심각합니다. 정규직 사원은 길게 근무할 생각으로 취직했으니까, 회사의 노동조건이 나쁘더라도 억지로 일하고 맙니다. 과로사를 당하거나 자살하는 사람이 정규직인 것은 아시잖아요. 여기에 비해 비정규직은 전제가 단기간 노동입니다. 처음부터 그만두고 다른 데로 옮길 생각이니까, 부당한 대우를 받으면 바로 그만두면 되잖아요. 그러니까 비정규직 노동사건은 아무래도 순서가 밀립니다. 정규직 사원 대응하는 데만 집중해도 시간이 모자르니까, 결국 비정규직 안건은 항상 밀리기만 하는 거죠."

● 비정규직의 자기방어 주의사항

정규직 사원의 야근수당이 잘리는 일도 상습적으로 벌어지고 있다. 특히 운송회사에서 자주 목격된다. 고속도로 휴게소에서 변호사가 "회사를 고소합시다"하고 전단지를 나눠줄 정도다. 하지만 비정규직은 야근수당은커녕 정규 임금마저 잘리고 만다. '한 건이라도 적발될 때마다 기업명을 공표하면 다른 기업들도 조금은 조심하지 않을까?' 하고 생각하지만, 앞으로도 비정규직 현장으로 행정력이 개입하는 일은 기대하기 어려울 것이다.

그렇다면 우리들은 어떻게 자신을 방어해야만 좋을까? 우선 비정규직이 된 처음부터 확보해야만 하는 것은 지속적인 고용이다. 계약이나 연중 아르바이트 같은 지속고용이라면 인간관계도 맺을 수 있으니 임금이 잘리는 등 난폭한 대접을 받을 일은 없고, 인간으로서 대접받을 수 있을 것이다. 고용주에게 악의가 있는 지속 노동계약이라면 다망한 노동기준 감독이라 하더라도 경고 전화 한 통 정도는 걸어줄 것이다.

일용직 개미 지옥에는 절대 가까이 가면 안 된다. 지금까지의 르포에서 명확히 드러나듯 해마다 노동자에 대한 대접이 난폭해지고 있다. 출근하더라도 파견처 마음대로 문전박대, 혹사, 학대, 임금 사기 등을 일상다반사로 저지르고 위법한 할당량을 반쯤 폭력적으로 강요하기도 한다.

건강과 노동안전에 대해서는 정사원보다 몇 배 더 의식을 집중하지 않으면 안 된다. 사고를 당했을 때 보상, 노동재해 신청 등이 어렵기 때문에 방치되는 경우마저 있다.

IT기업에 파견되어 심야 귀가하던 여성이 택시 사고를 당해 뒷자리에서 몸이 한 바퀴 돌았다. 외상이 없어 그냥 귀갓길을 계속 갔는데, 점점 몸이 움직이지 않게 되었다. 처음에는 온순하던 개인택시 기사는 그녀가 단기 파견직원에 혼자 산다는 사실을 알자마자 인과관계를 전면 부정하고 협박하는 거냐며 폭언을 퍼붓고 전화를 끊었다. 파견처와 파견회사는 자택을 방문

할 테니 기다리라고만 말하면서 서로 책임을 떠넘기고는 오지 않았다. 친구가 어쩌다 집을 찾아가 엎드린 채로 움직이지 못하는 그녀를 보자마자 시체로 착각해 비명을 지르며 밖으로 뛰어나가, 근처 주민이 경찰에 신고해 큰 소동이 일어나기도 했다.

그 뒤로 치료와 재활로 몸 상태는 회복이 된 모양이지만 그대로 방치했다가는 어떻게 되었을지 모른다. 최근 고령자 이외에도 혼자 사는 사람이 고독사를 당하는 일이 늘어나고 있다. 이 배경에는 버림받는 비정규직이라는 사정이 없다고는 말하기 어려울 것이다.

● **유망 산업에 과감한 어프로치를**

장기 직접고용이 이상적이지만 현실적으로는 꽤나 어려운 일이다. 취업을 인재기업에 기대어 할 것이라면 가능한 한 많은 인재기업에 등록해야만 한다. 만약 일용직만 권하는 인재기업이라면 무시해야 마땅하다. 인재기업에서 제시하는 회사는 서류만으로는 판단하기 어렵다. 서류를 제대로 갖추고서도 임금을 안 주거나 부당해고를 하는 뻔뻔한 회사가 잔뜩 있기 때문이다. 양심적인 회사를 구분해내는 요소는 업무 연수를 실시하고,

연수 수당을 지불하는가 여부다. 이를 제대로 하는 회사는 극히 드물다. 하지만 경험상 여기까지 성의를 갖춘 회사라면 적어도 부당한 차별로 울상 짓는 일은 없다고 단언할 수 있다.

지속근무를 쟁취하기 위해서는 자신을 스스로 영업하는 것도 필요할 것이다. 정부는 고용촉진을 위해서 사회인 교육을 강화하겠다고 했으니, 취업시장에서 원하는 조건을 보고 필요한 자격을 따는 것도 좋다. 중요한 것은 앞으로의 미래 전망을 함께 고려해야 한다는 것이다. 금융 자격증은 현재는 매력적일지도 모르나, 일부 직종에서 이미 인원 감축이 시작되고 있다. 스웨덴에서는 현금결제가 국가 전체의 총액 가운데 겨우 2%만큼을 차지할 만큼 격감했다. 얼마 안 있어 일본도 그렇게 된다고 한다면 현금을 세거나 서류를 정리하는 사람의 입장은 어찌 되겠는가?

한편 대조적으로 사무자동화로 노동 부담이 적어지는 농업의 매력은 늘어날 것이다. 다만 현재는 지방으로 옮긴 청년이 농업에 뛰어들더라도 금방 그만둬버린다. 그래서 지방의 고령화 문제는 나날이 심각해지고 있다. 그 원인은 피로보다도 '장시간 같은 자세나 움직임을 강요당하기 때문에 지겨움을 견디지 못해서'라고 한다.

수십 년간 변하지 않았던 농업 노동의 기계화는 오히려 이제부터 시작이다. 지방국립대학에서 첨단 농업기기가 차례로 개발되고 있고 에어컨이 나오는 방에서 모니터를 보면서 토마토나 딸기를 수확하는 것도 가능해진다고 한다. 트랙터나 드론을 원격조작해, 청년도 중장년도 무리하지 않고 일할 수 있는, 순환형 하이테크 농장을 구상하는 것도 가능해진다. 시가지에서는 문제가 많은 드론도 농지라면 문제가 없다.

지방의 3대 문제인 인구수 저하, 일할 곳 저하, 식량 자급률 저하를 멈출 수 있을지도 모른다고 기대하고 있다.

구상대로 발전할지는 아직 불투명하지만, 많은 업종에서 격변을 맞이하게 될 것은 확실한 사실이다. 유망 산업이 어디에나 있다고 생각하기는 어렵지만 다양한 업종의 정보를 입수하여 이론으로 무장하고 있다면 타겟으로 삼아야 할 업종이 무엇인지 파악하는 게 가능해지고, 채용 면접에도 자신을 가지고 임할 수 있지 않을까?

일하는 만큼 행복한 사회를 위하여

결국 아무 일도 하지 않는 성향

벨라루스의 노벨상 작가 스베틀라나 알렉시예비치는 후쿠오카의 원자력발전소 사고를 취재하면서 일본인과 접촉했을 때 놀랐던 인상을 다음과 같이 이야기했다.

"문화적으로 전체주의가 오래 유지되었던 우리 나라와 마찬가지로, 일본 사회에는 저항이라는 문화가 없다."[■]

일본의 비정규직 사원은 분명 신기할 정도로 순종적이다. 하지만 저항을 하지 않는 것이 아니고 지배층(정재계)에 의해 저항할 방법을 빼앗겼을 뿐이다. 노동계층제에 의해 고립되고 차별받는 노동자가 위법이나 다름없는 대우를 받는 현실이다. 노

■《도쿄신문》2016년 1월 29일.

동자가 저항했다가는 박해를 받거나 일한 만큼의 임금도 못 받고 추방을 당하거나 노동조건이 최악인 외곽의 합숙소 노동으로 전락할 것이 뻔하다. 인권을 주장했다가는 시베리아 라게리(강제수용소)로 보내졌던 러시아인과 비슷한 상황이 된다.

"처우에 불만을 말하기 전에 노동자 한 명 한 명이 열심히 일해 성과를 올려라" 같은 말을 들을지도 모른다. 말이야 좋지, 도대체 어느 직장이 비정규직 사원의 노력과 성과를 평가하고 같이 기뻐하는 체제를 갖추고 있단 말인가? 비정규직에게는 그런 환경이 전혀 갖춰져 있지 않기에 열심히 할래야 할 방법이 없다. 한 줄기 빛도 들어오지 않아 폐쇄적이고 실망으로 가득한 직장을 바꿀 수 있는 것은 누구란 말인가?

정부의 이번 노동 개혁에 대해 언론도 식자층도 "좋은 일이다. 가능한 한 빨리 실행해야 한다" 하고 부채질하고 있다. 하지만 정작 중요한 노동 현장은 어떤가 하고 살펴보면 지금 이 순간에도 빈곤고용, 사기고용이 도입되고 효율면에서도 노동의 질이 떨어지기만 하고 있다. 환경문제나 에너지 문제, 난민 문제 등을 대처하는 모습에서 보이는 일본인의 특징은 '전체적인 의견의 방향성에는 찬성하지만, 구체적인 방안에는 반대(하기에 아무 일도 하지 않는다)'다. 이 특징이 노동문제에서도 발목을 붙잡고 있지는 않을까?

노동자를 우습게 봤을 때 찾아올 미래

재계는 노동자의 소득증대에 협력하겠다는 약속을 정부와 해 놓고 뒤로는 저임금에 자르기 쉬운 일용직을 더욱 늘리도록 부추겼다. 지자체나 주요 민간기업의 노조 총책임자 연합은 비정규직의 처우 개선을 다루지만, 구체적인 대책은 다루지 않는다.

개혁을 막으려는 자는 누구인가? 총리가 개혁을 선언했음에도 '어차피 아무것도 안 바뀔 거니까' 하고 깔보고 있는 것은 아닌가? 관료도 경영자도 정규직 사원도 자기 지위가 안정적이라면 현상 유지를 바랄 것이다. '파이의 재분배는 무슨, 민폐도 그런 민폐가 없지'라며…….

그렇다면 일본은 이대로 태평성대일 것인가? 잘못된 노동 위계가 비정규직의 생계를 위협하고 있는 지금, 그 처우는 노동 문제에만 머무르지 않고, 일본의 국력 쇠퇴와 밀접하게 관계하고 있다.

천연자원이 적은 일본은 자원을 가진 나라 이상으로 노동자 한 명 한 명의 파워를 높이지 않으면 쇠망의 길을 걷는다고 초등학교 때부터 배웠다. 고도성장기는 이러한 국민적 여론 일치가 있었지만 어느새 노동자가 우습게 여겨지는 사회로 변하고 말았다.

요즘은 꾀죄죄하던 사람이 다음 날부터 갑자기 괄목상대가 되는 일도 흔하다. 학창시절 성적 상위자만이 아이디어맨이 되라는 법은 없는 시절이다. 이런저런 자질이나 능력이나 발상이 서로 다르기에 '잘되고 못되고'에 기복이 있을 수밖에 없다. 그리고 정부는 이러한 인적자원을 어떻게 활용할 것인가를 고민하며 체제를 재구축해야 마땅하다.

정부가 기업이, 그리고 우리가 해야 할 일은 간단하다. 계층제 개선으로 인한 저변 노동자의 지위를 향상시키는 것이다. 이로 인해 경영자와 정규직, 정규직과 비정규직, 비정규직끼리의 인간관계를 건전하게 바꿀 수 있을 것이다. 데면데면하고 차갑기 그지없는 직장에 따뜻한 바람을 불어넣어 활성화한다면 언젠가 개개인이 가진 역량이 꽃피게 될 것이 분명하다.

누구나 결국은 비정규직이 된다

ⓒ 나카자와 쇼고, 2019

초판 1쇄 인쇄일   2019년 6월 11일
초판 1쇄 발행일   2019년 6월 18일

지은이   나카자와 쇼고
옮긴이   손지상
펴낸이   정은영
편집   고은주 한지희
마케팅   백민열 이혜원 하재희
제작   이재욱

펴낸곳   ㈜자음과모음
출판등록   2001년 11월 28일 제2001-000259호
주소   04047 서울시 마포구 양화로6길 49
전화   편집부 (02)324-2347 경영지원부 (02)325-6047
팩스   편집부 (02)324-2348 경영지원부 (02)2648-1311
이메일   spacenote@jamobook.com

ISBN 978-89-544-3982-4 (03300)

이 도서의 국립중앙도서관 출판시도서목록(CIP)은 서지정보유통지원시스템 홈페이지
(http://seoji.nl.go.kr)와 국가자료공동목록시스템(http://www.nl.go.kr/kolisnet)에서
이용하실 수 있습니다.(CIP제어번호: CIP2019016728)